0.1그램의 기적을 만든
퀴리 부인

아테나는 그리스 신화에 나오는 정의와 지혜의
여신으로, 로마 신화에서는 미네르바라고 불립니다.

0.1 그램의 기적을 만든
퀴리 부인

엮은이 | 지영 · 그린이 | 김기택

아테나

머리말

　21세기는 원자력의 시대라고 할 수 있습니다. 우리는 원자력을 이용하여 생활에 필요한 막대한 전기를 생산해 내고, 방사능을 병의 치료와 각종 산업에 이용하고 있습니다.
　퀴리 부인은 방사능을 최초로 연구한 과학자들 중의 한 사람으로, 오늘날 우리가 원자력을 이용할 수 있게 하는데 큰 기여를 한 사람입니다.
　그녀는 방사능에 대한 지식이 전혀 없던 시절에 돈도 이름도 없는 상태에서 어려운 연구를 계속하여 새로운 원소인 폴로늄과 라듐을 발견하였고, 그 쓰임을 연구하였습니다.
　더구나 최초의 여자 노벨상 수상자이자 소르본 대학 최초의 여자 교수로서 그 때까지 사람들이 가지고 있던 여성에 대한 편견을 뛰어넘은 훌륭한 과학자로 인류 역사에 커다란 자취를 남겼습니다.

　이 책에는 어려웠던 환경 속에서도 꿋꿋하게 자신의 꿈을 지켜 낸 퀴리 부인의 이야기가 담겨 있습니다.
　어린이 여러분! 그럼, 이제 어려움을 이겨 내며 인류의 발전을 위해 노력한 퀴리 부인을 만나 봅시다.

엮은이 씀

차례

책을 좋아하는 아이　14

나라 잃은 슬픔　24

언니와 어머니의 죽음　36

한가로운 시골 생활　44

가정 교사 시절　50

비밀 공부방　62

소르본 대학의 공부 벌레　68

퀴리 부인이 되어 80

새로운 길을 찾아서 92

창고 속의 실험실 98

신비의 빛, 라듐의 발견 112

피에르의 죽음 120

두 번째 노벨상 124

전쟁터로 간 노벨상 수상자 132

라듐 연구에 바친 삶 138

부록 퀴리 부인의 위대함 146

 퀴리 부인이 살던 시대

퀴리 부인이 살던 시대

퀴리 부인이 태어난 1867년 무렵의 폴란드는 러시아의 지배를 받고 있었습니다.

폴란드의 왕위 계승을 둘러싸고 프랑스와 오스트리아, 러시아 사이에 일어난 폴란드 계승 전쟁을 실마리로 1772년, 1793년, 1795년 프러시아, 오스트리아에 의하여 폴란드가 분할되었습니다.

◆ 폴란드와 주변 국가

그 때문에 폴란드 사람들은 나라를 되찾으려고 여러 차례 독립 운동을 일으켰으며 1794년에 일어난 독립 운동으로 1793년에 일어난 2차 분할 이전의 영토를 회복하였으나, 러시아·프랑스 연합군에 의해 진압되어 1795년 3차 분할이 이루어져 폴란드는 주권을 잃게 되었습니다.

러시아 황제는 러시아의 경찰과 군대, 관리를 보내 폴란드를 다스렸습니다. 학교에서도 폴란드 말 대신 러시아 말을 가르치고, 러시아 역사를 가르쳤습니다. 폴란드

말을 쓰는 사람에게는 엄한 벌을 내렸습니다.

일제 침략기의 우리 나라의 모습과 비슷하지요?

자신이 새로 발견한 물질에 조국의 이름을 딴 '폴로늄'이라는 이름을 붙인 퀴리 부인의 애국심은 나라를 빼앗긴 조국의 슬픈 현실 속에서 자라났다고 볼 수 있습니다. 이 애국심은 나중에 퀴리 부인이 라듐에 관한 연구를 할 때에 끊임없이 노력하는 자세와 열정의 바탕이 되어 주었습니다.

1891년 수학과 물리학을 공부하기 위해 프랑스 파리로 간 퀴리 부인은 최초로 방사능을 연구한 사람들 중의 한 사람이 되었습니다.

퀴리 부인이 47세 때에 제1차 세계 대전이 일어나, 유럽의 여러 나라가 전쟁의 소용돌이에 휘말렸습니다. 퀴리 부인은 자기에게 학문의 기회를 열어 준 프랑스를 돕기 위해 전쟁터로 나가 병사들에게 엑스선 치료를 해 주었습니다.

1918년 제1차 세계 대전이 끝나자, 드디어 폴란드는 나라를 되찾아 독립하게 되었습니다.

◐ 퀴리 부부의 동상

퀴리 부인이 살던 시대

책을 좋아하는 아이

"브로냐. 엄마와 한 약속 잊지 않았지?"

"예, 엄마. 걱정 마세요."

브로냐는 글자를 다 익히겠다고 엄마와 단단히 약속을 하였습니다. 하지만 아직 절반도 익히지 못하였습니다. 공부하는 것보다 노는 것이 더 재미있으니까요.

지금도 엄마에게 큰소리는 쳤지만, 공부를 하려는 생각만 해도 머리가 아팠습니다.

한참을 *궁리하던 브로냐는 낱말 카드를 가지고, 마냐가 놀고 있는 뜰로 뛰어갔습니다.

"마냐, 언니하고 학교놀이 할래?"

"학교놀이? 좋아. 언니 어서 해."

"그럼 난 선생님이고, 넌 학생이야."

"네, 선생님!"

궁리하던 : 좋은 방법을 찾으려고 깊이 생각하던.

아직 네 살밖에
안 된 마냐는 언니를
잘 따랐습니다.
브로냐는 낱말 카드를 나무 밑에
늘어놓았습니다.
"자, 그럼 '나무' 라는 글자를
찾아보세요."

글자를 모르는 마냐는 엉뚱한 카드를 집어 들었습니다.

"틀렸어요! 잘 봐요. 이렇게 놓아야 '나무'가 되는 거예요."

"네. 선생님."

마냐는 카드를 뚫어지게 바라보며 고개를 끄덕였습니다. 그 날부터 브로냐와 마냐는 매일 학교놀이를 하였습니다.

몇 주일이 지난 어느 날, 아버지는 브로냐에게 동화책 한 권을 주며 말했습니다.

"브로냐, 그 동안 글자 공부를 많이 했을 테니 한번 읽어 보거라."

"예."

브로냐는 책을 읽기 시작했습니다. 하지만 얼마 안 가서 막혀 버렸습니다. 그러자 옆에서 보고 있던 마냐가 언니의 책을 빼앗아 들고는 줄줄 읽어 내려갔습니다.

"아니, 쟤가 언제 글자를 다 익혔지?"

"와, 마냐가 언니보다 훨씬 더 잘 읽는구나."

마냐를 칭찬하는 아버지의 말에 브로냐는 어머니 품에 달려들어 울음을 터뜨리고 말았습니다.

그러자 마냐는 책읽기를 멈추고 언니에게로 다가갔습니다.

"언니, 잘못했어. 미안해. 언니, 울지 마."

"호호호, 애들이 왜 이래? 그만 울음 뚝!"

어머니는 브로냐와 마냐의 머리를 어루만지며 달래 주었습니다.

마냐는 어느 새 언니 브로냐와의 학교놀이로 글자를 모두 익히고 아버지가 언니들에게 사 준 책들을 읽고 있었던 것입니다.

그 날 밤, 어머니는 아버지에게 말했습니다.

"여보, 마냐가 너무 영리한 것 같지 않아요?"

"그래요. 책을 읽기에는 너무 어리지. 영리한 것도 좋지만, 우선 몸이 튼튼해야 하지 않겠소? 당신이 신경을 써서 돌봐 줘요."

그 뒤로 어머니는 마냐가 방 안에서 책을 읽고 있는 것을 보면, 밖으로 불러 내었습니다.

"마냐, 이리 좀 나와 봐라. 넌 이런 꽃 봤니?"

"무슨 꽃이요?"

호기심 많은 마냐는 얼른 나왔습니다. 그러면 어머니는 마냐에게 여러 가지 꽃과 동물들을 관찰하게 하고 재미있게 설명도 해 주었습니다.

또 마냐는 커다란 *진열장이 놓여 있는 아버지의 방을 무척 좋아하였습니다. 유리문이 달려 있는 진열장 안에는 약병과 실험 기구 등 신기한 물건들이 아주 많았으니까요.

진열장 : 상점 등에서, 여러 사람이 볼 수 있게 상품을 죽 벌여 놓는 장.

"저기 접시 두 개를 얹어 놓은 건 뭐예요?"

"그건 접시 저울이란다. 무게를 재는 데 쓰는 기구지."

중학교 과학 선생님인 아버지는 어린 마냐가 실험 기구에 대해 물어 보면, 기특하게 생각하여 자세히 설명해 주곤 하였습니다. 그러나 이 기구들이 훗날 마냐의 위대한 연구에 더없이 *요긴하게 사용되리라고는 짐작도 못하였습니다.

요긴하게 : 매우 중요하거나 꼭 필요하게.

마냐는 폴란드의 바르샤바에서 스클로도프스카의 5남매 가운데 막내딸로 태어났습니다.

큰언니의 이름은 소피아였지만 모두들 조샤라는 *애칭으로 불렀습니다. 둘째 언니는 브로니스라바인데 브로냐로, 셋째 언니는 헤레나인데 헬라로 불렸으며, 오빠 조제프는 조조라고 불렸습니다.

마냐가 태어났을 때 조샤는 여섯 살, 오빠 조조는 네 살, 그리고 브로냐는 세 살, 헬라는 두 살이었습니다.

아버지는 중학교 과학 선생님과 부장학관 자리를 맡고 있어, 마냐네 가족은 학교 안에 있는 *관사에서 살았습니다.

일요일이 되면 학교는 조용해지지만 아이들이 많은 마냐의 집 안은 더욱 떠들썩했습니다.

"저 건물을 향해 쏴!"

"헬라, 총알이 없어. 빨리 가져와!"

"마냐는 어서 비켜. 방해하지 말고."

아이들은 곧잘 장난감 집을 진지로 삼아 전쟁

애칭 : 본이름 외에 친근한 정을 곁들여 부르는 이름.

관사 : 관리가 살도록 관에서 지은 집. 공사.

놀이를 하였습니다. 너무 시끄럽게 놀면 가장 손위인 조샤가 나서서 말렸습니다.

"이제 그만! 너무 떠들면 엄마가 힘드시단 말이야. 마냐는 나하고 바람이나 쐬러 가자."

그러면 마냐는 놀이를 하다가도 두말 하지 않고 조샤를 따라나섭니다. 죠샤 언니가 들려주는 재미있는 이야기를 무척 좋아했으니까요.

조샤는 놀이를 하거나 저녁 식사 때에도 이야기를 재미있게 이끌어 집 안에 웃음소리가 끊이지 않았습니다. 그러면 어머니는 흐뭇한 얼굴로 조샤를 가만히 보고만 있었습니다.

어머니는 아름답고 영리한 분으로 전에는 학교 선생님이셨습니다. 그러나 몸이 약하여 마냐가 태어났을 무렵부터는 앓아 눕는 일이 잦았습니다. 빨래 같은 힘든 일은 이웃 사람에게 맡겼으며, 사소한 집안일은 조샤가 어머니를 대신해서 꾸려 나갔습니다.

"엄마, 그냥 앉아 쉬세요."

의자에 앉아 아이들 신발을 꿰매고 있는 어머

니를 본 조샤가 말렸지만, 본디 부지런하던 분이라 가만히 있지를 못했습니다.

　어머니는 몸이 아무리 불편해도 언제나 깨끗한 옷차림을 하고 얼굴에는 웃음을 띠고 있었습니다.

　이렇게 친절하고 상냥한 어머니지만 마냐는 외로움을 느낄 때가 많았습니다.

　"엄마, 안녕히 주무세요."

　마냐가 인사를 하며 어머니 입술에 이마를 갖다 대려고 하면, 어머니는 손가락으로 마냐의 이마를 살짝 눌러만 주었습니다.

마냐는 다른 어머니들처럼 이마나 뺨에 입을 맞추거나 안아 주기를 바랬지만, 어머니는 오히려 자신을 멀리하는 것만 같아 몹시 서운했습니다.

어린 마냐가 이렇게 가까이 다가올 때마다 어머니의 얼굴엔 그늘이 졌습니다.

'미안하다 마냐.'

어머니는 눈물을 글썽이며 마음을 굳게 먹었습니다. *폐결핵을 앓고 있던 어머니는 아이들에게 병을 옮길까 봐 입맞춤을 하거나 껴안아 주지 않았던 것입니다. 뿐만 아니라 어머니가 쓰는 컵이나 그릇도 다른 식구들이 손대지 못하게 하였습니다.

폐결핵 : 결핵균의 침입으로 일어나는 허파의 병. 기침이나 가래, 호흡 곤란 등의 증세가 나타나고 심하면 피를 토하게 되는 전염병.

나라 잃은 슬픔

"할머니 안녕하세요?"

마냐를 본 이웃 할머니의 눈이 휘둥그레졌습니다.

"마냐가 학교에 가는구나. 벌써 다 컸어."

"예, 언니가 다니는 시코르스카 학교에요."

"그래, 잘 다녀오너라."

할머니는 교복을 입은 마냐의 뒷모습을 대견스럽게 바라보았습니다.

마냐가 학교에 들어간 것입니다. 여자들만 다니는 *사립 학교였습니다.

사립 학교 : 개인이나 민간 단체가 설립하여 유지하는 학교.

마냐는 학교 생활이 아주 재미있었습니다. 새로운 것을 배울 수 있는 것도 좋았지만 집에서는 읽지 못하게 하는 책을 마음껏 읽을 수 있었기 때문입니다.

 학교 성적이 뛰어난 마냐는 1학년을 마친 뒤 한 학년을 뛰어넘어 3학년이 되었습니다. 다음 해에도 한 학년을 뛰어넘어 나이가 두 살이나 더 많은 아이들과 함께 공부하였습니다.

 마냐는 수학을 가장 잘 하였지만 국어나 역사도 뛰어났습니다. 프랑스 어나 독일어도 모두 1등이었습니다.

 평소에는 수줍음을 많이 타는 얌전한 아이였지만, 한번 무엇에 매달리면 끝까지 해내고 마는 성미였습니다.

마냐가 열 살 때의 일입니다.

아이들이 가장 좋아하는 투프치아 여선생님이 폴란드 말로 수업을 하는 역사 시간이었습니다.

"마리아 스클로도프스카, 폴란드의 전 왕이신 스타니수아프 아우구스트 왕에 대해 이야기해 봐요."

마리아 스클로도프스카는 마냐의 원래 이름이었습니다.

마냐는 자리에서 일어나 또렷한 폴란드 말로 또박또박 말했습니다.

"예, 아우구스트 왕은 1764년에 폴란드의 왕이 되신 분으로, 매우 슬기로우시고 백성을 사랑하셨던 왕이었습니다. 그래서 나라를 약하게 만든 원인을 찾아 그 *대책을 세우려고 노력하였습니다. 그러나 슬프게도 왕은 용기가 없는 분이셨습니다."

교실 안은 조용했습니다. 아이들도, 투프치아 선생님도 마냐의 목소리에 귀를 기울이고 있었습니다.

대책 : 어떤 일에 대응하는 방책.

당시 폴란드는 이웃 나라의 침략에 맞서 전쟁을 하다가 패하여, 러시아의 지배를 받고 있었습니다. 폴란드를 *점령한 러시아는 학교에서 폴란드 어와 폴란드 역사를 공부하지 못하게 하였습니다.

그러나 투프치아 선생님은 학생들에게 몰래 폴란드 말과 폴란드 역사를 가르치고 있었습니다.

학생들과 투프치아 선생님이 마냐의 목소리를 들으며 생각에 잠겨 있을 때였습니다.

"찌르릉 찌르릉, 찌릉 찌릉!"

모두들 흠칫 놀랐습니다. 교실의 벨 소리가 길게 두 번 짧게 두 번 울렸기 때문입니다. 러시아 *장학관이 *시찰을 왔다는 신호였습니다.

교실 안에 긴장감이 흘렀습니다. 모두들 소리 내지 않고 재빠르게 움직였습니다. 투프치아 선생님은 탁자에 흩어져 있는 폴란드 역사책을 재빨리 모았습니다.

그와 동시에 몇 명의 아이들이 나와 책상 위

점령한: 일정한 땅이나 지역을 차지하여 자기 것으로 한.

장학관: 교육의 기획, 지도, 조사, 감독에 관한 일을 맡아 보는 교육 공무원.

시찰: 돌아다니며 실지 사정을 살펴봄.

에 펼쳐진 폴란드 역사책과 공책을 앞치마에 담아 뒷자리로 가져 갔습니다. 그러자 기다리고 있던 다섯 명의 아이들이 종이 상자에 책들을 담아 기숙사 침실로 통하는 문으로 급히 빠져나갔습니다.

교실에 남은 학생들은 하얀 천 조각을 책상 위에 얹어 놓고 단춧구멍 *사뜨기를 시작하였습니다. 자리를 뜬 다섯 명의 책상 위에도 똑같은 천과 재봉 도구가 놓여졌습니다.

사뜨기 : 가장자리를 위아래로 번갈아 겹쳐 꿰매는 바느질 기술.

28 0.1그램의 기적을 만든 퀴리 부인

다섯 아이가 숨을 헐떡이며 돌아와 자리에 앉았습니다.

"여러분, 단춧구멍 뜨기는 귀찮은 일이지만 옷을 지을 때 빼놓을 수 없는 일이지요. 예쁘게 잘 마무리해 보아요."

투프치아 선생님은 여느 때와 다름없이 책상 사이를 돌아다니며 부드러운 목소리로 말했습니다. 방금 전까지 폴란드 역사 공부를 했으리라고는 누구도 눈치채지 못할 광경이었습니다.

갑자기 교실 문이 '드르륵' 열리며 번쩍이는 금단추가 달린 제복에 가죽 허리띠를 졸라맨 러시아 장학관이 나타났습니다. 그 뒤로 교장 선생님의 걱정스러운 얼굴도 보였습니다.

뚱뚱한 몸집에 기름이 번지르르 흐르는 얼굴에다 금테 안경을 쓴 장학관은, 날카로운 눈빛으로 학생들을 한차례 쓰윽 훑어 보았습니다.

교장 선생님도 아무렇지도 않은 척하며 학생들을 둘러 보았습니다. 미리 약속해 둔 신호를 울리긴 했으나, 준비할 시간이 짧아 걱정이 되

골무 : 바느질할 때 손가락 끝에 끼는, 가죽이나 헝겊으로 만든 물건.

었던 것입니다.

다행히 여학생들의 손에는 *골무가 끼워져 있고 몇몇 학생들은 실을 꿴 바늘로 단춧구멍을 만들고 있는 게 아닙니까? 게다가 교탁 위에는 러시아 글자로 인쇄된 책이 보란 듯이 펼쳐져 있었습니다.

교장 선생님은 몰래 안도의 숨을 내쉬었습니다. 이 때 장학관의 퉁명스러운 목소리가 떨어졌습니다.

"러시아 말을 가르치지 않고 지금 무얼 하는 거요?"

"예, 지금은 가정 실습 시간으로 바느질을 지도하고 있습니다."

투프치아 선생님의 목소리가 가늘게 떨리고 있었습니다.

"그렇습니다. 여학교여서 1주일에 2시간씩 가정 실습 수업을 하고 있습니다."

교장 선생님이 얼른 덧붙여 설명했습니다.

장학관은 책상 사이를 다니며 학생들의 서랍

을 열어 보았습니다. 혹시 폴란드 말로 된 책이나 폴란드와 관계되는 물건을 숨겨 두지 않았나 해서입니다.

장학관은 불쑥 한마디를 내뱉었습니다.

"선생, 학생 하나를 불러 주시오!"

장학관의 말이 떨어지자 마냐는 가슴이 철렁 내려앉았습니다.

이런 경우 언제나 *지명되는 것은 자기였으니까요. 마냐는 눈을 감은 채 열심히 기도를 드렸습니다.

지명 : 여러 사람 가운데서 누구의 이름을 꼭 따서 가리킴.

'하느님, 제발 저를 부르지 않게 해 주십시요. 하느님 제발 부탁입니다.'

그러나 교장 선생님과 투프치아 선생님은 겨우 안심이 되었습니다. 장학관이 마음대로 아무 학생에게나 질문을 해서 그 학생이 러시아 말을 제대로 하지 못하거나 장학관의 마음에 흡족하지 않게 대답한다면 담임 선생님은 물론, 교장 선생님까지 호되게 *문책을 받을 것이 뻔한 노릇이니까요.

문책 : 일의 책임을 물어 꾸짖음.

"마리아 스클로도프스카, 일어나요."

투프치아 선생님이 마냐를 지명했습니다.

체념을 한 듯 마냐가 창백한 얼굴로 자리에서 일어섰습니다

'마냐, 미안하다. 오늘도 잘 대답해 다오. 부탁한다.'

선생님은 자리에서 일어선 마냐에게 이렇게 말하는 듯한 눈길을 보냈습니다. 마냐를 노려보던 장학관이 무거운 목소리로 말했습니다.

"*주기도문을 외워 보아라."

마냐의 입에서 조심스럽지만 유창한 러시아 어가 줄줄 흘러나왔습니다.

"좋아, 그럼 이번에는 예카테리나 1세 다음에 즉위한 우리 러시아 황제들의 *존함을 차례대로 말해 보아라."

"예카테리나 2세, 파벨 1세, 알렉산드르 1세, 니콜라이 1세……."

마냐는 거침없이 또박또박 러시아 어로 대답했습니다. 마냐의 러시아 어 발음은 여느 러시

주기도문 : 예수가 제자들에게 직접 가르친 모범 기도문.

존함 : 남을 높이어 그의 이름을 이르는 말.

아 사람보다 더 정확하고 자연스러웠습니다.

"음, 러시아 말을 잘 하는군. 마지막 질문이다. 지금 우리를 다스리고 계시는 분은?"

이 질문을 받자 마냐의 목이 꽉 잠기고 말았습니다.

'나라를 빼앗아간 적국의 황제가 어찌 우리의 왕이란 말인가?'

마냐가 입을 다물자 교실 안은 찬물을 끼얹은 듯 조용했습니다. 교장 선생님과 투프치아 선생님은 분노로 이글거리는 눈을 감추기 위해 앞에 있는 책만 뚫어지게 내려다보고 있었습니다.

장학관의 얼굴에서 이내 미소가 사라지더니 호령이 떨어졌습니다

"왜 대답이 없나? 지금 이 나라를 다스리시는 분이 누구인가?"

새파랗게 질린 마냐는 더듬더듬 대답했습니다.

"러시아 전체의 황제이신 알렉산드르 2세이십니다."

"좋아."

마침내 질문을 마친 장학관은 거만한 걸음걸이로 교실을 나가 버렸습니다.

"선생님!"

마냐는 울음을 터뜨리며 달려가 투프치아 선생님의 품에 안겼습니다. 선생님은 마냐를 꼭 껴안아 주며 말했습니다.

"마냐, 잘 했다. 네가 우리 학교를 살렸어. 너무 슬퍼하지 마라. 오늘의 이 일을 잊지 말고 기억하자. 언젠가는 우리말을 마음대로 쓸 날이 올 거야. 반드시 그 날까지 꼭 참고 견뎌야 해."

마냐와 선생님을 지켜보던 학생들 모두가 눈물을 흘려 교실 안은 그만 울음바다가 되고 말았습니다.

언니와 어머니의 죽음

어느 날, 마냐의 아버지는 러시아 사람인 이바노프 교장의 부름을 받고 교장실로 들어갔습니다.

"스클로도프스카 선생, 도대체 정신이 있는 겁니까?"

교장은 다짜고짜 시험 답안지 뭉치를 마냐 아버지의 코 앞에 들이대며 소리쳤습니다.

"무슨 일인가요? 혹시 채점이 잘못되었나요?"

"잘못된 정도가 아니오. 이것 보시오. 폴란드 어로 쓴 답에 점수를 주었잖소? 이게 말이 되오?"

마냐 아버지는 잠시 생각하다가 침착하게 말했습니다.

"교장 선생님, 그것은 학생들이 아직 러시아 어에 익숙하지 않아서 폴란드 어로 쓴 것입니다. 하지만 답은 바르게 쓴 것이었습니다."

"뭐라고요? 폴란드 어로 쓴 답안지가 올바르단 말이오?"

얼굴이 새빨개진 교장은 아버지를 노려보며 소리쳤습니다.

"그만 나가 보시오!"

마냐의 아버지는 러시아 어로 수업을 하라는 지시를 어기고 자기가 맡은 과학 과목을 폴란드 어로 가르쳐 왔던 것입니다.

비록 지금은 나라를 잃었지만, 학생들에게 조

국의 말과 글을 잊지 않게 하려는 뜻이었습니다.

 이런 일이 있은 며칠 뒤, 아버지는 부장학관 자리를 내놓게 되었습니다. 하는 수 없이 관사에서 나와 시내로 이사를 했습니다.

 넓은 마당이 있는 관사에서 마음껏 뛰어놀던 아이들은 몹시 시무룩했습니다.

 "애들아, 참고 견뎌 보자. 이게 다 나라를 잃은 설움이란다."

 아이들을 위로하는 아버지는 몹시 괴로웠습니다. 그나마 학교에서 쫓겨나지 않은 것이 다행이었으나, 부장학관직을 내놓게 됨에 따라 월급이 줄어서 살아가기가 어려워졌습니다.

 아버지와 어머니는 여러 가지 궁리를 한 끝에 *하숙생을 받기로 하였습니다.

 밤에는 아버지가 하숙을 하는 학생들에게 공부를 가르쳐 주었습니다. 그러자 소문을 듣고 많은 하숙생들이 찾아 왔습니다.

 마냐의 남매들은 아침부터 부지런히 움직였

하숙생 : 방값과 밥값을 내고 남의 집에 머무르며 먹고 자는 학생.

습니다. 아이들의 방을 식당으로 쓰기 때문에 늦잠을 잘 수도 없었습니다. 모두들 아침 일찍 일어나서 청소와 식사 준비를 하느라고 몹시 바빴습니다.

저녁 식사가 끝난 집 안은 마치 학교 같았습니다. 책을 읽거나 그림을 그리는가 하면 수학 계산을 하는 등 젊은 학생들로 활기가 넘쳐 흘렀습니다.

그러나 따스한 볕이 드는 것 같았던 마냐의 집에도 불행의 그림자가 조금씩 다가오고 있었습니다.

하숙을 하던 학생 하나가 *장티푸스에 걸린 것입니다. 잇달아 큰언니 조샤와 둘째 언니 브로냐에게도 병이 *전염되고 말았습니다.

다행히 브로냐는 곧 나았지만 조샤는 병을 앓으면서도 어머니를 돌보는 통에 병이 점점 깊어졌습니다.

"하느님, 우리 언니 조샤를 보살펴 주십시오."

장티푸스 : 장티푸스 균이 장에 들어가 일어나는 급성 전염병. 고열과 설사 등을 일으킴.

전염 : 병이 이곳에서 저곳으로 옮음.

마냐의 기도도 소용 없이 조샤는 마침내 목숨을 잃고 말았습니다. 조샤의 나이 16살 때였습니다.

8살이었던 어린 마냐는 이 때 처음으로 죽음이 무엇인지 알게 되었습니다.

어려운 살림을 도맡아 꾸려 가면서도 늘 재미있는 이야기로 웃음꽃을 피우던 조샤가 없는 집안은 텅 빈 것 같았습니다. 특히 어머니의 슬픔은 이루 말할 수가 없었습니다.

"조샤는 나 때문에 죽은 거야."

어머니는 그 뒤로 자리에 눕는 일이 더욱 잦아졌습니다.

그 무렵, 어머니의 형제들이 공장을 차린다며 돈을 빌리러 찾아왔습니다. 마음씨 착한 아버지는 모아 두었던 돈을 모두 빌려 주었습니다. 어머니가 알면 반대할 것 같아 아무 의논도 없이 선뜻 내준 것입니다.

그러나 공장이 잘못되는 바람에 빌려 준 돈을 한 푼도 받을 수가 없게 되었습니다.

'내가 사람을 너무 믿은 게 잘못이야.'

어머니의 약값과 아이들을 위해 마련해 둔 돈을 모두 잃어버리게 된 아버지는 몹시 괴로워했습니다. 나중에 이 사실을 안 어머니는 슬픔에 잠기는 날이 많아져, 병은 점점 더 깊어만 갔습니다.

"어머니, 힘 내세요. 곧 나을 거에요."

아이들은 어머니를 위로하고 날마다 하느님께 기도하였습니다.

5월의 어느 날, 어머니는 아이들을 모두 불러 들였습니다.

"오랫동안 병을 앓아 너희들 엄마 노릇을 제대로 하지 못해 미안하구나. 하지만 엄마는 너희들이 훌륭하게 자라서 자랑스럽단다. 나는 이제 조샤 곁으로 가야겠다. 그리고 여보, 아이들을 잘 부탁해요."

어머니는 헬라, 조조, 브로냐, 마냐, 아버지의 손을 차례로 잡은 뒤 눈을 감았습니다.

"엄마, 엄마, 돌아가시면 안 돼요."

모두들 울음을 터뜨렸습니다. 큰언니 조샤가 세상을 뜬 지 2년 뒤의 일로, 마냐의 나이 11살 때였습니다.

마냐네는 더 이상 하숙도 할 수 없게 되었습니다. 가족들은 모든 것을 정리하고, 어머니를 잃은 슬픔을 이겨 내며 조용히 지냈습니다.

토요일이 되면 온 가족이 아버지의 방에 모였습니다. 아버지는 아이들에게 시와 소설, 역사책을 읽어 주었습니다. 쉽고 재미있게 설명해 주어 마냐도 어려운 내용을 이해할 수가 있었습니다.

한가로운 시골 생활

"마냐, 1등을 축하해!"

시코르스카 학교를 졸업하는 마냐에게 모두가 진심으로 축하해 주었습니다. 남보다 어려운 환경 속에서 공부했기에 마냐 자신도 마음이 뿌듯하였습니다.

마냐는 크라코프 여학교에 입학하였습니다. 러시아식으로 교육하는 *공립 학교라서 마음에 들진 않았지만 대학에 갈 수 있는 자격을 얻기 위해서는 어쩔 수가 없었습니다.

독서를 즐기고 공부하기를 좋아하는 마냐는 학교 생활에도 충실한 모범생이었습니다.

어느 날, 마냐는 러시아 황제인 알렉산드르 2세가 *암살되었다는 소식을 들었습니다.

"반가운 소식이야. 우리 모두들 축하하자!"

공립 학교 : 지방 공공 단체가 설립하여 운영하는 학교.

암살 : 사람을 몰래 죽임. 대개 중요한 사람이 대상이 될 경우를 이름.

마냐는 책상 위로 뛰어올라 춤을 추며 좋아했습니다.

마냐는 그 때까지도 시코르스카 학교 시절, 러시아 장학관의 질문을 받고 마음에도 없는 대답을 한 일을 잊지 못하고 있었던 것입니다. 러시아에 대한 미움이 마냐로 하여금 이런 엉뚱한 행동을 하게 한 것입니다.

교실에 들어서던 선생님은 마냐의 뜻밖의 행동을 보고는 *어리둥절한 표정을 짓다가 아무 것도 보지 못한 것처럼 나가 버렸습니다. 평소 얌전하고 공부 밖에 모르던 학생이었으니까 무슨 그럴 만한 *사연이 있으려니 한 것입니다.

1884년, 마냐는 크라코프 여학교를 우등으로 졸업하였습니다.

"너희들이 자랑스럽다. 모두들 공부도 잘 하고 건강하니 더 이상 바랄 게 없구나."

아버지는 기쁨의 눈물을 흘렸습니다. 마냐는 물론이요, 브로냐, 조조도 우등을 하여 집안에서 금메달이 세 개씩이나 번쩍였으니까요.

어리둥절한 : 정신이 얼떨떨한.

사연 : 일의 앞뒤 사정과 까닭.

그러나 아버지의 기쁨은 곧 슬픔으로 바뀌었습니다.

'저축해 둔 돈이 없으니 무슨 수로 브로냐와 마냐를 대학에 보낸단 말인가!'

저축한 돈은 이미 다 떨어져 바르샤바 대학에 다니는 조조의 학비도 벅찬 형편이었습니다.

며칠 동안 괴로워하던 아버지는, 어느 날 브로냐와 마냐를 불러 놓고 솔직히 털어놓았습니다.

"정말 미안하구나. 브로냐도 마냐도 대학에 가고 싶지? 그런데 너희도 알다시피 그 동안 모아 두었던 재산은 이 못난 아버지 때문에 하루 아침에 다 없어지고 지금은……."

아버지가 말을 잇지 못하자 브로냐가 가로막고 나섰습니다.

"아버지, 걱정 마세요. 조조 오빠가 대학에서 의학 공부를 하고 있으니까 저희들은 괜찮아요. 없어진 돈도 아버지가 써 버린 게 아니라 외삼촌이 사업에 쓴 거 잖아요?"

오히려 브로냐와 마냐가 괴로워하는 아버지를 위로했습니다.

어느 날 밤이었습니다. 아버지는 마냐를 불렀습니다.

"마냐, 우등으로 졸업했으니 나도 선물을 하나 줘야겠구나."

"고마워요, 아빠. 무슨 선물인지 궁금해요."

아버지는 책상 위에 놓인 편지를 마냐에게 건네주며 말했습니다.

"시골 이모들 집에 가서 여름을 보내고 오너라. 네가 와서 어린 동생들과 놀아 주었으면 좋겠다는 편지가 이렇게 왔구나."

아버지는 또래 친구들보다 2년이나 일찍 학교를 졸업한 마냐를 1년쯤 쉬게 하고 싶었던 것입니다.

"정말 멋진 선물이에요, 아빠. 시골의 아름다운 자연 속에서 잘 지내고 오겠어요."

무더운 어느 여름날, 마냐는 기차를 타고 바르샤바를 떠나 시골로 향했습니다.

아름다운 풍경과 우거진 숲, 풀밭에서 풍겨 오는 싱싱한 풀냄새와 흙냄새가 마냐의 마음을 싱그럽게 하고 마냥 부풀게 하였습니다.

그 때의 시골 생활이 얼마나 즐거웠는지는 마냐가 친구에게 보낸 편지에 그대로 나타나 있습니다.

날마다 사내아이에게 프랑스 어를 한 시간 가르치면 그만이야. 그 동안 배운 수학과 화학도 모두 잊어버릴 것 같아. 수를 놓던 것도 그만두었다니까. 아무 생각 없이 놀기만 해. 정해진 일이 없어서 아침 10시에 일어나는가 하면 새벽 4시, 5시에 일어나기도 해.

공부에 필요한 책은 읽지 않고 재미있는 소설만 읽으니까 엉뚱한 공상을 하는 멍청이가 된 기분이야. 매일 동생들과 숲에 가서 뛰어놀거나 제기차기도 하고 그네도 뛰며 논단다. 밤에는 횃불을 들고 가재를 잡으러 골짜기에 가기도 해.

나는 한 집에만 있지 않고 이모들 집을 돌아다니

 며 지낸단다. 사촌 동생들과 어울려 놀며 공부를 도와 주는 게 일이야. 어른들 모두가 나를 '바르샤바의 딸'이라 부르며 아주 귀여워해 준단다.
 놀랄 일이 하나 있어. 내가 말을 탈 수 있게 되었단다. 말을 타고 숲 속 나무 사이를 뚫고 멀리까지 달리는 기분은 아무도 모를 거야.
 밤에는 할아버지께서 구수한 옛날 이야기를 들려 주시기도 한단다. 시골의 축제도 얼마나 즐거운지 몰라.

가정 교사 시절

시골에서 여름을 보내고 돌아온 마냐는 공부하고 싶은 마음이 되살아났습니다.

'대학에 들어가려면 많은 돈이 필요한데 어떻게 마련한담?'

그 무렵에는 폴란드의 바르샤바 대학에는 여자가 입학할 수 없었습니다. 그러므로 폴란드에서 여자가 대학 공부를 하려면 프랑스 같은 외국으로 *유학을 가야했기 때문에 엄청난 돈이 필요했습니다.

유학 : 외국에 머물러 있으면서 공부함.

얼마를 궁리한 끝에 좋은 방법이 떠오른 마냐는 브로냐와 의논을 했습니다.

"언니는 파리에서 의학 공부를 하고 싶지?"

"응, 꼭 의사가 되고 싶어."

"그럼, 언니가 지금까지 저축한 돈 있지? 그

돈이면 파리에서 얼마나 지낼 수 있어?"
"아직 얼마 안 돼. 모두 해 봐야 파리에 갈 기차 요금과 1년간의 학비 정도나 될지 몰라. 의학부는 5년이나 다녀야 되니까 아직은 어림도 없어."
"그래? 그럼 언니, 그 돈으로 당장 파리에 가도록 해. 나에게 좋은 생각이 있으니까."
"무슨 생각인데?"
"우리 둘이 서로 돕는 거야. 먼저 언니가 저축한 돈으로 파리에 가면, 내가 나머지 돈을 벌어서 보내 줄게. 그래서 언니가 졸업하면, 그 때 가서 나를 도와 주는 거야."

가정 교사 : 일정한 보수를 받고 남의 집에 가서 학문·기예 등을 가르치는 사람.

"좋은 생각이긴 한데, 네가 어떻게 돈을 벌 수 있겠니?"

"*가정 교사로 들어가면 돼. 그러니 아무 걱정 말고 그렇게 하도록 해. 응? 언니."

"마냐, 정말 고맙다. 네가 그런 생각을 다 하다니……."

브로냐는 감격하여 눈물을 글썽였습니다. 가정 교사로 남의 집에 들어가 산다는 것은 어렵고 힘든 일입니다. 그런데 마냐는 언니를 위해서 그런 일을 하겠다고 나선 것입니다. 마냐의 생각이 신통하고 고맙기는 했지만, 브로냐는 선뜻 대답이 나오지 않았습니다.

"마냐, 좋은 생각이긴 하다만 너를 고생시키면서 나 혼자 공부할 수는 없어. 마냐, 차라리 네가 먼저 파리로 가거라. 너는 머리가 좋으니까 빨리 졸업할 수 있을 거 아니니."

"아니야, 언니는 20살이고 난 17살이야. 더구나 언니는 몇 년 동안 집안일만 하느라 공부를 못 했잖아? 언니가 먼저 가야지."

브로냐는 마냐의 고집을 꺾을 수 없었습니다.

"마냐, 정말 고마워!"

브로냐는 마냐를 껴안고 눈물을 흘렸습니다.

다음 날, 마냐는 아버지에게 브로냐의 유학 이야기를 꺼냈습니다.

"아빠, 브로냐 언니를 파리에 보내 주세요."

뜻밖의 말에 아버지는 몹시 당황했습니다.

"그래, 공부를 하기 위해서는 파리로 가야지. 하지만 지금은 돈이……."

아버지는 말을 잇지 못했습니다.

"아버지, 돈 걱정은 마세요. 좋은 방법이 있으니까요."

마냐는 브로냐와 의논한 것을 아버지에게 말했습니다.

"좋은 생각이구나. 나도 도움이 되도록 노력해 보마."

아버지는 마냐와 브로냐의 손을 꼭 잡고 기뻐하였습니다.

아버지의 허락을 받은 브로냐는 곧 프랑스 파

리로 떠났습니다.

"어떤 일을 원해요?"

직업 소개소 직원이 마냐를 아래위로 훑어보며 물었습니다.

"가정 교사 일을 하고 싶어요."

"그럼, *이력서를 보여 주세요."

미리 준비해 온 이력서를 내미는 마냐의 마음은 초조했습니다. 얼마 전에 브로냐가 파리로 떠나서 서둘러 일자리를 얻어야 했으니까요.

"가정 교사를 해 본 경험이 있으신지?"

"예, 이웃 아이들을 가르쳐 본 경험이 있어요. 그리고 학교에서 받은 *자격증도 여기 있습니다."

이력서와 자격증을 살펴보던 직원이 깜짝 놀라며 물었습니다.

"아니, 여기 적은 게 모두 사실인가요? 정말로 독일어, 러시아 어, 프랑스 어, 폴란드 어에다가 영어까지 잘 할 수 있단 말인가요?"

"예, 그 중에서 영어가 좀 서툴긴 하지만 학

이력서 : 지금까지 닦아 온 학업이나 거쳐 온 직업 따위의 경력을 적은 문서.

자격증 : 일정한 자격을 인정하여 주는 증서.

교를 졸업할 때 금메달을 받았어요."
"참 대단하신 분이군요. 그런데 보수는 얼마나 받길 원하지요?"
직원이 조심스럽게 물었습니다.
"집에 들어가 살면서 1년에 400*루블 정도면 좋겠는데요. 어려울까요?"

루블 : 러시아의 화폐 단위.

"아니요, 알겠어요."
직원은 카드를 꺼내어 적기 시작했습니다.
"나이는 몇 살이지요?"
"17살입니다. 아니 곧 18살이 되지요."
마냐는 나이가 어리면 안 될 것 같아 얼른 덧붙여 말했습니다.
"아버지는 무슨 일을 하시지요?"
"예, 아버지는 중학교 교사이시고 어머니는 돌아가셨습니다."
마냐는 직원의 어깨 너머로 작성하고 있는 서류를 살짝 보았습니다. 서류에는 이렇게 적혀 있었습니다.
'마리아 스클로도프스카 – 17세, 학력이 우

수하고 재능이 뛰어남. 희망 직업 – 가정 교사'

마냐의 일자리는 생각보다 빨리 나왔습니다. 며칠 뒤 다시 찾아간 마냐에게 소개소 직원이 말했습니다.

"일자리가 하나 나오긴 했는데……. 어때요, 시골이라도 괜찮겠어요? 보수는 좋은데."

"예, 좋아요."

파리에 간 브로냐에게 돈을 보내야 했으므로 일자리를 가릴 형편이 못 되었습니다.

마냐가 일하게 된 곳은 바르샤바에서 북쪽으로 100킬로미터나 떨어져 있는 시튜키라는 시골 마을의 농장주 제드 씨 집이었습니다.

마냐는 집과 가족이 있는 바르샤바를 떠나 멀리 가는 것이 마음에 걸렸으나, 브로냐 언니에게 학비를 보낼 수 있다는 기쁨에 다른 것은 생각할 겨를이 없었습니다.

1886년 1월 1일.

아침부터 눈이 내렸습니다. 마냐는 눈을 맞

으며 집을 나섰습니다. 아버지와 언니 헬라가 정거장까지 배웅을 나왔습니다. 마냐는 아버지에게 작별 인사를 하였습니다.

"아버지, 안녕히 계세요."

"마냐, 추운데 몸조심해라."

아버지는 18살이나 된 딸을 혼자 멀리 보내

는 것이 몹시 걱정이 되었지만, 애써 미소를 지어 보였습니다.

"헬라 언니, 잘 있어. 아버지를 잘 부탁해!"

"집 걱정은 말고 너나 잘 지내. 너와 브로냐 언니 몫까지 내가 아버지를 잘 모실 테니까."

헬라 언니가 집에 남아 있어 마냐는 안심이 되었습니다.

헬라는 대학에 가고 싶다는 말을 한 번도 한 적이 없었습니다. 집에서 아버지의 *뒷바라지를 하면서 좋아하는 음악 공부를 하겠다는 것입니다.

기차가 움직이자 마냐는 온갖 생각이 떠올라 불안했습니다.

'내가 멀리 떠나 있는 동안에 아버지가 병이라도 나면 어쩌나. 아버지를 영영 못 만나는 건 아닐까?'

기차는 3시간을 달려 마냐를 낯선 역에 내려놓았습니다. 마냐가 찾아가는 시튜키 마을까지는 그 곳에서 다시 썰매로 4시간을 더 가야만

뒷바라지 : 수고나 물질을 아끼지 않고 뒤에서 보살피며 도와 주는 일.

했습니다.

눈길을 끝없이 달리는 썰매 여행은 배고픔과 추위에 몸이 꽁꽁 얼어버린 마냐에게 견딜 수 없을 만큼 몹시 힘든 여행이었습니다. 마을에 도착하기도 전에 짧은 겨울해가 지는 바람에 썰매는 어둠 속을 달려야 했습니다.

제드 씨의 집에서는 대문에 불을 환히 밝혀 놓고 마냐가 오기를 기다리고 있었습니다, 마냐가 도착하자 주인 부부가 달려나왔습니다.

"어서 오세요, 선생님. 먼길이라 많이 힘들었지요?"

부인이 웃는 얼굴로 반가워하며 짐을 받아 주었습니다.

제드 씨 부부는 아주 친절한 사람들 같았습니다. 뒤쪽에서는 여러 아이들이 마냐를 신기한 듯이 바라보고 있었습니다.

오랜 시간의 여행으로 지친 마냐는 안내받은 방에 들어가자마자 침대에 쓰러져 깊은 잠에 빠졌습니다.

다음 날 아침, 발코니에 나가 본 마냐는 깜짝 놀랐습니다. 숲으로 둘러싸인 목장의 조용한 집일 것이라고 상상했는데 전혀 다른 모습이었습니다.

주위에는 공장들이 즐비하고 높이 솟은 굴뚝에서는 연기가 무럭무럭 솟아오르고 있었습니다.

이 곳에서 생산되는 사탕무로 설탕을 만드는 공장들이었습니다. 지금 마냐가 보고 있는 눈 덮인 벌판은, 봄이 되면 사탕무가 자랄 밭이었습니다.

비밀 공부방

어느덧 마냐가 제드 씨 집에 온 지도 한 달이 지났습니다. 이제는 자리가 잡혀 하루하루의 생활이 즐거웠습니다.

제드 씨 부부는 아주 다정하고 친절한 분이었습니다. 마냐는 맏딸 브론카와 친구가 된 덕분에 더욱 편안하게 지낼 수 있었습니다.

마냐는 하루에 7시간 일했습니다. 4시간은 장난꾸러기인 10살짜리 안지야를 가르치고, 3시간은 동갑인 브론카를 가르쳤습니다.

제드 씨는 아이들이 여덟이나 되었습니다. 집에 있는 브론카와 안지야, 3살 된 스타스와 갓난아기 외에 바르샤바의 학교에 다니는 세 아들이 있었습니다.

브론카에게 어린 두 동생을 돌보게 하였으나

제드 씨는 안심이 안 되었습니다. 안지야는 장난이 심하고 잠꾸러기라 공부를 아주 싫어하였습니다. 거기다가 막내인 스타스도 여간 말썽꾸러기가 아니였거든요. 그래서 가정 교사를 맞아들이게 된 것입니다.

마냐가 이 곳에 와서 이상하게 생각한 것은 마을 아이들이 학교에 가지 않고 하루 종일 놀기만 하는 것이었습니다. 궁금하게 생각한 마냐는 브론카에게 물어 보았습니다.

"학교에 가기 싫으니까 안 가는 거야. 학교에 가면 러시아 어로만 가르치니까 아이들이 알아듣기도 힘들고."

"러시아 어가 싫은 건 나도 마찬가지야. 그렇다고 저렇게 놀기만 하면 어떡해? 글을 배워야 나중에 신문도 읽고 글도 쓸 수 있잖아? 브론카, 내가 아이들을 가르치면 안 될까?"

"참 좋은 생각이야. 나도 1학년생쯤은 가르칠 수 있어."

그런데 마냐는 한 가지 걱정되는 일이 있어

망설였습니다.

"만일에 러시아 경찰이나 관리에게 들키면 어쩌지? *시베리아로 끌려갈 텐데……."

"아, 그건 걱정 없어. 여기는 폴란드 사람들만 사는 마을이거든. 고발할 사람은 어디에도 없어."

"와 다행이네! 브론카, 그럼 우리 둘이 마을 아이들의 선생님이 되는 거야. 잘 해 보자."

두 사람은 바로 제드 씨와 의논을 하였습니다.

"어른들이 미처 생각 못한 일을 너희들이 해 냈구나. 훌륭한 일이니 잘 해 보아라."

브론카의 아버지는 기뻐하면서 선뜻 허락해 주었습니다.

그렇지 않아도 공장 사람들과 아이들이 폴란드 어와 역사를 배우지 못한 것을 늘 안타깝게 여기고 있었던 것입니다.

브론카의 아버지는 창고에서 책상과 걸상을 꺼내어 마냐의 방에 들여 놓았습니다. 마냐의

시베리아 : 러시아의 우랄 산맥에서 태평양 연안에 이르는 북아시아 지역.

방은 바깥쪽에 계단이 붙어 있어 아이들이 드나들기에 편리했습니다. 공부는 집안일이 끝난 저녁에 하기로 하였습니다.

가난한 농부와 공장 직공의 아이들이라 옷차림도 지저분하고 노트나 펜도 없었습니다. 마냐는 자기 돈으로 학용품을 사서 아이들에게 나누어 주었습니다.

처음 시작할 때는 3, 4명 정도밖에 되지 않던 아이들이 금세 10명이 되고, 나중에는 20명 가까이나 되었습니다. 아이들은 조국 폴란드의 말과 글을 배우는 게 신기하고 재미있어 열심히 공부했습니다.

"우리 아이가 글씨를 쓰고 책을 읽다니 정말 기특하구나!"

어느 날 밤, 공부하는 아이를 보러 온 직공 하나가 감탄을 하였습니다. 그래서 글을 모르는 어른들도 아이들 공부하는 모습을 보고는 함께 어울려 배우기도 하였습니다.

낮에는 제드 씨네 아이들을 가르치고 저녁에

마을 아이들을 가르치고 나면 마냐는 밤 9시가 넘어야 자기 시간을 가질 수 있었습니다.

그래서 자정이 넘도록 *물리학이나 *화학에 관련된 책을 읽으며 자기 공부를 했습니다.

마을에서는 축제가 있을 때마다 파티가 열렸습니다. 아주 즐거운 모임이었습니다. 그럴 때마다 주인 아주머니는 마냐에게 함께 가자고 권했습니다.

"아주 즐겁고 멋진 파티에요. 선생님도 오늘 하루는 이것저것 다 잊고 젊은이들과 어울려 춤도 추고 재미있게 놀다 와요."

그러나 그 때마다 마냐는 정중하게 사양을 하곤 했습니다.

"고맙습니다만, 저는 춤을 출 줄 몰라서요. 그리고 읽어야 할 책도 많이 있고요. 죄송합니다."

그렇게 되자 말 많은 마을 아낙들이 쑤군댔습니다.

"브론카네 집 가정 교사는 별난 아가씨야. 저

물리학 : 자연 과학의 한 부분. 물질의 운동이나 구조 따위를 연구하는 학문.

화학 : 물질의 조성과 구조, 성질과 작용, 변화, 응용 따위를 연구하는 학문.

렇게 젊은데 아이들 가르치는 것하고 공부 밖에 모르다니, 젊은 아가씨가 어디가 잘못된 게 아냐?"
"우리는 한 줄만 읽어도 머리가 아플 것 같은 책만 읽더라고."
그리고는 마을 축제가 있어도 더 이상 마냐를 초대하지 않게 되었습니다.

소르본 대학의 공부 벌레

'브로냐 언니가 결혼을 한다고?'

파리에서 날아온 편지를 읽은 마냐는 깜짝 놀랐습니다.

브로냐의 결혼 상대자는 카지미르 도르스키라는 폴란드 유학생입니다. 그런데 그는 폴란드의 독립 운동을 한 일로 러시아 경찰의 감시를 받다가, 파리로 도망쳐 공부하고 있었던 중이라 학교를 졸업해도 폴란드로 돌아올 수 없는 몸이었습니다.

브로냐는 파리에서 대학을 졸업하고 의사 시험에도 합격했습니다. 그러니 마냐와의 약속대로라면 바르샤바로 돌아와 마냐의 학비를 대어 주어야 합니다. 그렇지만 남편을 남겨 두고 혼자 폴란드로 돌아올 수도 없는 노릇입니다.

　브로냐는 카지미르와 함께 파리에서 작은 병원을 열었습니다. 그리고 마냐에게 편지를 보냈습니다.

> 마냐, 어서 파리로 오너라. 아직은 내가 자리를 잡지 못해 너의 대학 학비를 대어 주기는 어렵지만, 내가 지낼 방을 비워 두겠어. 그러니 어서 파리로 오너라.

마냐는 감격스러워 가슴이 벅찼습니다. 그래서 자신도 모르게 소리쳤습니다.

"아, 나도 이제 파리로 간다!"

얼마나 기다렸던 일이었는지 모릅니다.

여학교를 졸업한 지 벌써 8년째이고 가정 교사로 일한 지도 6년이나 지났습니다. 어느 새 마냐의 나이도 23살이 되었습니다.

아버지한테서도 기쁜 소식이 왔습니다. 마냐의 학비를 어느 정도 지원해 줄 수 있다는 소식이었습니다. 아버지는 그 동안 다니던 학교를 그만두고, *소년원의 원장으로 자리를 옮겼습니다. 집도 원장의 관사로 옮기고, 월급도 많아져 형편이 좀 나아진 것입니다.

마냐는 파리로 떠날 준비를 서둘렀습니다. 그러나 늙으신 아버지를 두고 떠나는 것이 자꾸만 마음에 걸렸습니다.

'어떻게 아버지의 돈을 학비로 쓴단 말인가?'

브로냐 언니에 대해서도 마찬가지였습니다.

소년원 : 행동이 올바르지 못한 아이들을 수용하여 좋은 사람이 되도록 교육하는 기관.

'이제 겨우 *개업한 언니에게 폐를 끼쳐서는 안 돼.'

마냐는 저축해 둔 돈을 가지고 계획을 세웠습니다. 일일이 꼼꼼하게 계산하여 *경비를 한 푼이라도 아끼려고 애썼습니다.

기차는 요금이 가장 싼 3등칸을 타기로 하였고 사용하던 물건들은 모두 차편으로 보냈습니다. 마냐가 새로 산 것은 튼튼한 *트렁크 뿐이었습니다.

"아버지, 부디 건강하셔야 해요. 시험이 끝나면 곧장 돌아와서 아빠와 함께 살 거예요."

"그래 그래, 공부 잘 하고 빨리 돌아오너라."

아버지도 마냐의 등을 토닥이며 격려해 주었습니다.

"야, 이번에도 마리 스클로도프스카가 일등이야."

"아, 그 학생, 언제나 강의실 맨 앞자리에 앉는 여학생이지?"

개업 : 영업을 처음 시작함.

경비 : 어떠한 일을 하는 데 드는 비용.

트렁크 : 여행용의 큰 가방.

"그래. 폴란드에서 온 그 아가씨야."

"그 어려운 물리를 연구하다니 정말 대단해."

게시판 앞에 모여든 학생들은 모두들 마냐 이야기를 하며 부러워하고 있었습니다.

마냐의 본디 이름은 '마리아'였지만, 소르본 대학에 입학할 때 프랑스식으로 '마리'라고 고친 것입니다.

이 때부터 마냐는 평생 동안 '마리'로 불리게 되었습니다.

오랫동안 그리던 대학이라 마리는 오로지 공부에만 열중했습니다. 교수의 말 한 마디, 칠판의 글자 한 자도 놓치지 않으려고 귀를 기울이고 눈길을 쏟으며, 하나도 빠짐없이 머리 속에 담았습니다.

'소르본 대학은 세계의 우수한 젊은이들이 모인 곳이다. 정신을 바짝 차리지 않으면 뒤지고 만다.'

마리의 머리 속에서 잠시라도 이 생각이 떠난 적이 없었습니다. 그러나 처음에는 어려운 점이 하나둘이 아니었습니다.

 늘 자신 있던 프랑스 말이었지만 강의 시간에는 교수님들이 어찌나 빠르게 말씀하시는지 알아듣기도 힘들었습니다. 좋아하던 과학도 혼자 공부한 실력이라, 교수님 밑에서 공부한 이 곳 학생들과는 비교도 되지 않았습니다.

 "언니, 공부에 자신이 없어졌어. 아무리 노력해도 다른 학생들을 따라갈 수가 없어. 어쩌면 좋지?"

 공부에 자신이 없다는 말을 마리의 입에서 처음 들어 본 브로냐는 당황했지만, 곧 마리의 어깨를 토닥이며 위로해 주었습니다.

"그건 네가 너무 오랫동안 학교에서 떠나 있었기 때문이야. 그리고 이 곳은 프랑스라 여러 가지로 낯이 설 테고. 마냐, 너무 조급히 생각하지 마."

"아무래도 처음부터 다시 시작해야 할까 봐. 어쩌지, 언니. 집안일을 도와 줄 시간이 없을 것 같아. 미안해."

"알았어, 걱정마. 넌 공부에만 힘써."

브로냐 부부는 이런 마리의 초조한 마음을 달래 주려고 애썼습니다.

쾌활한 성격의 형부 도르스키는 한 젊은 음악가를 집에 불러들여서까지 마리를 격려하였습니다. 이 젊은이는 훗날 세계적으로 유명한 피아니스트이자, 러시아에서 독립한 자유 폴란드의 초대 총리가 된 파데레프스키였습니다.

마리는 브로냐 부부의 지극한 보살핌이 고마웠지만 좀더 많은 시간을 공부에 쏟고 싶었습니다. 그래서 학교에서 가까운 곳에 다락방을 얻어 혼자 지내기로 하였습니다.

폴란드를 떠날 때 가져온 책상과 쇠침대, 작은 난로, 의자 그리고 물을 길어 올 양동이와 그릇 몇 개가 살림의 전부였습니다. 트렁크는 손님이 올 때 의자로 사용하였습니다.

마리는 돈을 아끼기 위하여 밝은 가스 등불이 있는 도서관에 가서 공부하다가, 도서관이 문을 닫는 10시쯤에야 집으로 돌아왔습니다. 돌아와서도 늦게까지 램프불 아래서 공부를 계속하였습니다.

학교에서 해 본 실험이나 공부한 것을 정리하느라 마리는 *끼니를 거르는 일이 많았습니다.

하루는 마리를 본 브로냐가 깜짝 놀라며 물었습니다.

"마리, 얼굴빛이 왜 그래? 어디 아프니?"

"아니야, 어제 잠을 못 자서 그런거야."

거짓말이었습니다. 사실 마리는 요즈음 책을 읽다가 일어설 때 어지러워 쓰러질 뻔한 일을 자주 겪고 있었습니다.

어느 날, 학교에서 돌아오던 마리는 정신을

끼니 : 늘 일정한 때에 먹는 밥, 또는 그 밥을 먹는 일. 아침·점심·저녁 따위.

잃고 길에 쓰러졌습니다. 다행히 친구들이 발견하여 집에 데려다 눕히고, 도르스키에게 연락하였습니다.

급히 달려온 도르스키가 진찰을 하고 약을 먹이자, 마리는 겨우 정신을 차렸습니다. 도르스키는 방 안을 둘러보다가 마리에게 물었습니다.

"오늘은 무슨 음식을 먹었지?"

"저, 아침에 사과 한 쪽만……."

"그럼 어제는?"

"홍당무와 살구 세 개."

"허 참! 그게 무슨 식사야. 이러다간 큰일나겠어!"

화가 난 도르스키는 마리를 끌다시피하여 자기 집으로 데려갔습니다.

집에 들어서자마자 도르스키는 브로냐에게 소리쳤습니다.

"브로냐, 빨리 *비프 스테이크를 만들어 줘요!"

"비프 스테이크라니요?"

비프 스테이크 : 두껍게 썬 쇠고기에 소금과 후춧가루를 뿌려 구운 음식.

영양 실조: 영양분의 부족이나 부조화 때문에 몸에 일어나는 장애. 빈혈·부기·설사 따위의 증세가 나타나며, 목숨을 잃는 경우도 있음.

"마리가 *영양 실조란 말이오."

"아니, 마리가 영양 실조라고요?"

브로냐는 지난번 마리의 얼굴빛이 이상했던 까닭을 이제야 알 수 있었습니다.

"마리, 아무리 열심히 공부해도 건강을 잃으면 소용이 없어 식사를 제대로 챙겨 먹어야지."

브로냐는 마리에게 영양가 높은 음식들을 먹이며 정성껏 간호했습니다. 언니의 따뜻한 보살핌으로 기운을 되찾은 마리는 다시 다락방으로 돌아가 공부에 열중하였습니다.

1893년 7월의 어느 날이었습니다.

마리를 비롯한 학생들은 모두 긴장된 얼굴로 앉아 있었습니다. 오늘이 마지막 시험 성적을 발표하는 날이기 때문입니다.

교수가 성적표를 가지고 들어왔습니다.

"물리학 학사 시험 1등, 마리 스클로도프스카."

발표를 듣는 순간 마리의 두 뺨에는 뜨거운

눈물이 흘러내리고 있었습니다.
 '아버지, 해냈어요. 아버지의 딸이 1등을 했어요!'
마리는 마음 속으로 외쳤습니다.

퀴리 부인이 되어

마리는 무엇보다도 값진 선물을 안고 아버지가 기다리고 있는 폴란드의 바르샤바로 돌아왔습니다. 마리는 아버지와 함께 지내는 것이 더 없이 행복했지만, 마음 속에서는 더 공부하고 싶은 욕망이 불타고 있었습니다.

그러던 어느 날, 파리에 있는 친구인 지진스카가 반가운 소식을 보내 왔습니다. *장학금 제도가 생겨서 성적이 우수한 유학생에게 6백 루블의 장학금을 빌려 준다는 내용이었습니다.

마리는 귀가 번쩍 띄여 아버지에게 의논하였습니다. 마리의 마음을 누구보다 훤히 알고 있는 아버지라 *선뜻 허락하였습니다.

"좋은 기회를 놓쳐서야 되겠니? 하고 싶은 공부를 더 해서 훌륭한 과학자가 되어 돌아오너

장학금 : 가난한 학생이나 우수한 학생에게 학비 보조금으로 내주는 돈.

선뜻 : 시원스럽고 날렵한 모양.

라."

 마리는 소망을 이루게 되어 몹시 기뻤습니다.

 기쁜 소식은 그 뿐만이 아니었습니다. 파리의 공업 진흥 협회에서 마리에게 '강철과 자석에 대한 연구'를 부탁해 온 것입니다. 어려운 연구 과제였으나 연구비를 받는 일이므로 해 보기로 결심하였습니다.

 파리로 간 마리는 수학 학사 시험을 목표로 공부하면서 연구를 시작했습니다. 리츠만 교수의 실험실 한구석을 빌려 썼으나, 너무 비좁고 실험 기구가 부족하여 어려움이 많았습니다.

 '어떻게 하면 더 넓고 좋은 시설을 갖춘 실험실에서 일할 수 있을까?'

 마리가 이런 궁리를 하고 있을 때, 폴란드의 물리학자인 코바르스키 부부가 찾아왔습니다. 마리와는 잘 아는 사이라 파리에 볼일을 보러 왔다가 들른 것입니다.

 코바르스키 교수와 이야기를 나누던 마리는 실험실에 대한 어려움을 털어 놓았습니다.

"음, 실험실이 비좁고 시설이 부족하면 곤란한데. 가만있자, 그렇지! 좋은 곳이 생각났어. 내가 아는 물리학자가 한 사람 있는데, 지금 물리 화학 학교에 다니고 있지. 그 사람에게 부탁하면 도움을 받을 수 있을 거야."

"고맙습니다. 그 분을 소개해 주세요."

"내일 그 사람을 초대할 테니까 마리도 와서 함께 이야기를 나눠 보면 좋겠어. 어쨌든 좋은 의논 상대가 되어 줄 거야."

다음 날, 마리는 코바르스키 부부가 묵고 있는 방에서 젊은 물리학자를 만났습니다.

"피에르 퀴리라고 합니다. 학교에서 실험실 주임을 맡고 있지요."

검은 수염에 맑은 눈을 가진 피에르는 35살이라는 나이보다 훨씬 젊어 보였습니다. 낡고 헐렁한 옷을 입었지만, 단정한 모습에 성격도 조용하고 차분해 보였습니다.

두 사람은 일상 생활에서 과학에 이르기까지 오랫동안 이야기를 나누었습니다.

　유학을 오기 위하여 6년이나 가정 교사를 한 이야기를 들은 피에르는 마리의 용기에 큰 감동을 받았습니다.
　"정말 놀랍습니다. 온갖 어려움을 이겨 내고 물리학사 시험에 1등을 하다니 대단합니다."
　마리의 거친 손을 바라보는 피에르의 맑고 깊은 눈을 보며, 마리는 수줍은 미소를 지었습니다.

　피에르의 아버지인 유젠 퀴리는 파리에서 의학과 과학을 공부한 분이었습니다.

　피에르는 소년 시절에는 학교에 가지 않고 집에서 공부하였습니다. 그리하여 16살에 대학 입학 자격 시험에 합격했으며, 18살에 소르본 대학 물리학과를 졸업하였습니다. 형 재크와 실험실에 일자리를 얻어 연구하다가 약한 전류의 흐름을 재는 기구를 발명하기도 하였습니다.

　형과 헤어진 피에르는 실험에 편리한 '퀴리 *천칭'을 발명하고 '퀴리 법칙'을 발견하기도 하였습니다. 지금은 학교 실험실에서 이것들을 응용하여 학생들을 지도하고 있었습니다.

　"마리 씨는 계속 프랑스에 계실 거지요?"

　"아니에요. 돌아가야 합니다. 이 곳 대학에서 배운 것을 조국 폴란드를 위해서 써야지요."

　피에르는 마리의 애국심과 연구에 대한 열정이 마음에 들었습니다.

　"우리 학교의 실험실을 이용하도록 하세요."

천칭 : 저울의 하나. 작은 물건의 무게를 달 때 쓰임.

피에르는 마리에게 실험실을 빌려 주고, 실험을 도와 줄 것을 약속하였습니다.

'수학 학사 시험 2등, 마리 스클로도프스카'

마리는 비록 1등을 못했지만 시험에 통과하여 마음이 후련했습니다. 1년 간 공부한 결과로는 만족스러운 성적이었습니다.

'아버지는 그 동안 많이 늙으셨을 거야.'

마리는 아버지가 계시는 폴란드로 돌아갔습니다. 마리가 파리를 떠나자 피에르는 마음이 불안하여 견딜 수가 없었습니다.

'혹시 마리가 영영 파리로 돌아오지 않는 건 아닐까?'

실험에 대해서 서로의 생각을 주고받는 사이, 피에르는 마리를 좋아하게 된 것입니다. 한눈 팔지 않고 한 가지 연구에만 열중하는 마리의 모습에 피에르는 점점 마음이 이끌렸습니다.

'마리와 결혼하여 함께 연구 생활을 할 수 있으면 얼마나 좋을까?'

피에르는 마음이 *조급해져서 마리에게 날마

조급해져서 : 참을 수 없을 만큼 매우 급해서.

다 편지를 써서 보냈습니다. 파리로 돌아와 함께 연구를 계속하자는 내용이었습니다.

마리는 어찌할 바를 몰라 망설이고만 있었습니다.

'늙으신 아버지 곁에 있어야 돼. 아니야, 파리로 돌아가서 가서 좀더 공부하고 연구를 계속해야 해.'

가을이 되자 마리는 파리로 돌아갔습니다. 부탁을 받은 강철과 자석에 대한 연구를 마무리지어야 했기 때문입니다.

피에르는 다시 돌아온 마리의 손을 잡고 말했습니다.

"마리, 우리 다시는 헤어지지 맙시다."

마리도 피에르를 좋아했지만, 결혼에 대해서는 결심이 서지 않았습니다.

"나는 연구를 하기 위해서 파리에 왔어요. 결혼하면 연구에 지장이 있을 것 같아요."

"아닙니다. 혼자보다는 둘이 힘을 합쳐 연구하는 것이 더 좋지 않겠어요? 나는 마리와 함

께 평생 동안 연구하는 게 꿈입니다."

피에르는 마리의 대답을 듣지 못하자 언니 브로냐를 찾아가 마리와 결혼하겠다는 뜻을 밝히고 도움을 부탁했습니다.

어느 날 브로냐 부부는 마리와 함께 피에르의 부모에게서 초대를 받았습니다.

피에르의 부모는 마리를 보고 첫눈에 마음에 들어, 브로냐를 따로 만나 *청혼을 하였습니다.

청혼 : 혼인하기를 청함.

"우리 아이가 마리 양을 무척 좋아한답니다. 내가 보기에도 두 사람이 결혼하면 큰 일을 해낼 수 있을 것 같아요. 언니가 마리 양에게 잘 좀 말해 주세요."

"예, 저도 그렇게 생각해요. 아마 마리도 얼마 안 가서 피에르에게 마음을 열 것 같아요."

집으로 돌아온 브로냐는 마리에게 피에르와의 결혼을 권하고, 바르샤바에 계신 아버지에게도 알렸습니다.

"언니의 말을 들으니 좋은 신랑감 같구나. 내 걱정은 하지 말고 어서 결혼하도록 해라."

브로냐를 믿는 아버지는 두 사람의 결혼을 권하였습니다. 마리의 마음도 바뀌어 갔습니다.

'지금의 폴란드에서는 아무런 연구도 할 수 없다. 하지만 자유의 나라 프랑스에서는 내가 좋아하는 연구를 마음껏 할 수 있다. 피에르와 함께 훌륭한 일을 해낸다면 조국을 위하는 일도 될 것이다.'

마리는 마침내 결심을 굳히고 피에르의 청혼은 받아들였습니다.

결혼식은 피에르의 부모가 살고 있는 집 *뜰에서 올렸습니다. 피에르의 부모와 가까운 친척, 마리의 아버지, 언니 브로냐 부부와 헬라 언니, 친한 친구 몇 사람만이 참석하여 *조촐하게 치뤘습니다.

1895년 7월 26일, 마리가 28살, 피에르가 36살 때였습니다.

예식을 마친 두 사람은 자전거를 타고 신혼 여행을 떠났습니다. 두 대의 자전거는 형제들로부터 받은 축하금으로 마련한 것입니다.

두 사람은 자전거 *짐받이에 여행에 필요한 짐을 싣고 파리 교외의 숲 속을 여기저기 돌아다녔습니다. 어릴 때부터 숲 속을 거닐기 좋아한 피에르와 방학 때 시골에서 지냈던 마리의 마음이 서로 통하여 결정된 신혼 여행이었습니다.

그 무렵만 해도 자전거로 신혼 여행을 간다는 것은 보통 사람으로서는 생각도 못할 일이었습

뜰 : 집 안에 있는 평평한 땅.

조촐하게 : 아담하고 깨끗하게.

짐받이 : 자전거 따위의 뒤에 짐을 싣는, 시렁 같은 물건.

니다.

　남이 보기에는 이상하고 엉뚱할지 모르지만, 남의 눈치를 보지 않고 *소신대로 살아온 두 사람이었기에 할 수 있는 일이었습니다.

　숲 속을 달리다가 배가 고프면 마음에 드는 풀밭에 앉아, 가지고 온 치즈로 식사를 하였습니다. 해가 저물면 시골의 여인숙에서 잠을 자며 마음껏 자유로운 여행을 즐겼습니다.

소신대로 : 자기가 믿고 생각하는 바대로.

"나는 학교의 과학 교사가 되고 싶어요. 그래서 집안 살림을 하면서 연구를 계속하고 싶어요."
"좋은 생각이오. 당신이 연구를 할 수 있도록 힘껏 도와 주겠어요. 그 대신 당신도 내 연구의 뒷바라지를 해 줘야 해요."
마리와 피에르는 신혼 여행 중에도 연구에 대한 의욕을 불태우고 있었습니다.

새로운 길을 찾아서

여행을 마치고 파리에 돌아온 마리와 피에르는 아파트에 신혼 살림을 차렸습니다.

두 사람은 부모가 가구를 마련해 주겠다는 것도 거절하고, 방 안에는 아무것도 두지 않았습니다. 가구를 들여 놓으면 먼지가 앉아서 자주 청소를 해야 하므로, *성가셔 연구할 시간을 빼앗기기 때문입니다.

성가셔 : 자꾸 들볶거나 번거롭게 굴어 귀찮거나 괴로워.

가구라고는 물리학 책들과 석유 램프가 놓인 테이블과 의자 두 개가 전부였습니다.

두 사람 다 검소한 생활을 하였으나 피에르의 월급은 500*프랑밖에 안 되었으므로 책을 사고 여러 가지 실험 기구를 사다 보면 항상 돈이 모자라 쩔쩔 매었습니다.

프랑 : 프랑스·벨기에·스위스의 화폐 단위.

'나도 돈을 벌어야 해. 학교 교사 자격 시험

을 치뤄 선생님이 되어야겠어.'

마리는 시험 준비를 시작했습니다. 이듬해에 1등으로 합격하여 피에르가 일하는 물리 학교에서 학생을 가르치게 되었습니다.

날마다 학교의 실험실에서 8시간을 보내고 돌아와 세탁과 청소, 식사 준비 같은 집안일을 하였습니다.

마리가 가장 어려워 하는 일은 요리였습니다.

마리는 아침 식사 때 잠깐 불에 올려놓으면 먹을 수 있거나 출근할 때 미리 준비하여 불에 올려놓으면 저녁 때 들어와 바로 먹을 수 있는 맛있는 요리를 생각하고 있었습니다.

그래서 마리는 언니나 주변 사람들에게 간단하게 요리할 수 있는 있는 방법을 물어 보았습니다. 그러나 대답은 한 가지뿐이었습니다.

"요리는 간단히 하면 안 돼. 천천히 공들여 만들어야 맛있는 요리가 된단다."

1897년 마리는 첫딸 이렌을 낳았습니다. 그러자 마리의 생활은 더욱 바빠졌습니다. 아이를

학위 : 일정한 학업 과정을 마치거나 어떤 부문의 학술을 전문적으로 연구하여 일정한 자격 기준에 이른 사람에게 주는 칭호.

논문집 : 학술 연구의 업적이나 결과를 발표한 글을 모아서 엮은 책.

방사선 : 방사능을 가진 원소가 붕괴되면서 방출되는 알파선·베타선·감마선을 통틀어 이르는 말.

우라늄 : 천연으로 존재하는 원소 중 가장 무거운 방사성 원소의 하나. 철과 비슷한 은백색의 금속 원소로, 원자 폭탄·원자로 등 원자력의 이용에 필요한 중요한 원료이며, 라듐의 모체임.

키우랴 살림을 하랴, 학생들을 가르치랴 정신없이 바빴습니다. 그러나 그런 중에도 마리는 연구에 대한 생각을 놓은 적이 없었습니다.

마리는 박사 *학위를 목표로 새로운 연구를 시작했습니다. 과학 *논문집과 연구소의 보고서를 조사하던 마리의 눈길을 끈 것이 하나 있었습니다.

프랑스의 물리학자 베크렐이 발견한 '베크렐 선'이었습니다. 그 무렵 독일의 뢴트겐 박사가 신기한 엑스선을 발견했습니다. 그것은 요즈음 엑스레이라고 불리는 것으로, 고속의 전자가 장벽에 부딪칠 때에 발생하는 짧은 파장의 전자기파로 물체를 꿰뚫어 사진을 찍을 수 있는 *방사선이였습니다.

베크렐은 이 엑스선의 쓰임을 연구하다가 *우라늄이라는 물질에서 엑스선과 다른 이상한 빛이 나오는 것을 발견했습니다. 그는 이 빛을 '베크렐 선'이라고 했는데, 그 빛이 왜 나오며, 어떤 성질을 가졌는지는 자신도 알지 못했습니

다. 다른 과학자들도 이 선에 대하여 무관심했습니다.

그런데 마리가 이 방사선에 대하여 흥미를 느낀 것입니다.

"우라늄에서 나오는 베크렐 선의 정체가 정말 궁금해요."

"그래요, 물질 자체에서 광선을 내보내고 있다는 것은 신기한 일이요. 그 빛의 성질을 자세히 알 수 있다면 놀라운 발견이겠지요."

마리의 눈이 갑자기 빛났습니다.

"나는 베크렐 선이 어떤 것인지 연구해 보고 싶어요. 피에르, 좀 도와 줘요."

마리는 베크렐 선의 정체를 밝히기 위한 실험을 시작하였습니다.

'우라늄은 빛을 내는데 왜 다른 물질은 빛을 내지 않을까?'

마리는 여러 원소가 들어 있는 광물을 차례차례로 조사해 빛이 나오는지를 알아보았습니다. 그러던 중 이상한 현상을 발견하게 되었습니다.

새로운 길을 찾아서 95

토륨 : 방사성 금속 원소의 한 가지. 잿빛의 무거운 결정이며, 우라늄에 버금가는 원자력 원료임.

피치블렌드 : 우라늄석의 한 가지. 결정도가 낮고 덩어리 모양임. 라듐과 우라늄의 중요 광석. 역청 우라늄석.

'*토륨에서도 빛이 나온다!'

마리는 우라늄에서만 빛이 나오는 것이 아니라는 것을 알아낸 것입니다. 마리는 우라늄이나 토륨에서 나오는 빛들을 통틀어 '방사선'이라고 불렀습니다. 이 이름은 오늘날까지 계속 사용되고 있습니다.

어느 날, 마리는 방사선이 들어 있는 *피치블렌드라는 광물을 조사하다가 깜짝 놀랐습니다.

피치블렌드의 방사선이 그 광물 속에 들어 있는 우라늄과 토륨의 방사선을 합한 것보다 훨씬 강하게 나타난 것입니다.

우라늄의 방사선의 힘을 1로 하고 토륨의 힘을 2로 하면 둘의 힘을 합하여 3의 힘이 되기 마련입니다.

그러나 피치블렌드 속에서 합해진 두 방사선의 힘은 8이 되기도 하고 10이 되기도 하는 것입니다.

피치블렌드 속에 우라늄이나 토륨보다 더 많은 힘을 내는 또 다른 무엇이 있는 게 틀림없었

습니다.

'혹시 실험 방법이 틀린 게 아닐까?'

다시 실험을 해 보았으나, 두 번째도 마찬가지였습니다.

'아니야, 실험이 잘못된 것 같아.'

마리는 조심스럽게 실험을 되풀이했습니다. 10번, 20번이나 되풀이해 보았지만 결과는 똑같았습니다.

1898년 4월, 마리는 실험 결과와 자신의 생각을 *학회에 발표하였습니다.

"피치블렌드에는 우라늄보다 훨씬 강한 방사선이 있습니다. 아직 알려지지 않은 새로운 *원소가 포함된 것이라고 믿어집니다."

마리는 자신의 연구를 통하여 이 세상에 아직 알려지지 않은 새로운 원소가 피치블렌드 속에 있을 것이라는 것을 용기 있게 발표한 것입니다.

마리는 자기가 발표한 이상 그 새로운 원소를 다른 사람보다 먼저 발견하여 확실히 보여 주어야겠다고 결심했습니다.

학회: 같은 학문을 연구하는 사람들로 조직된 단체.

원소: 화학에서, 한 종류의 원자로만 만들어진 물질, 또는 그 물질의 구성 요소.

새로운 길을 찾아서

창고 속의 실험실

마리가 실험을 하는데 가장 어려운 문제는 좁은 실험실이었습니다.

피치블렌드를 분해하여 새로운 원소를 찾아내기 위해서는 *광석을 둘 곳이 있어야 합니다. 약품을 넣어 녹이거나 부수어 반죽할 곳도 있어야 합니다. 마리는 대학의 연구소들을 찾아가 부탁을 했습니다.

광석 : 유용한 금속이 많이 섞여 있는 광물.

"이 대학의 실험실을 저에게 좀 빌려 주실 수 없겠습니까?"

"어떤 실험을 할 계획이지요?"

불순물 : 순수하지 못한 물질.

"광석을 녹여서 *불순물이 섞이지 않은 원소를 발견하려고 합니다."

"간단한 실험이 아니군요. 현재는 학생들의 실험도 감당하지 못할 형편이라……."

학교를 갓 졸업하여 이름도 알려지지 않은 풋내기 과학자에게 선뜻 대학 실험실을 빌려 줄 곳이 없었습니다. 남편 피에르도 대학교나 연구소를 여기저기 찾아가 부탁해 보았지만 모두 거절당하고 말았습니다.

피에르는 마지막으로 자기가 근무하고 있는 물리 화학 학교의 교장 선생님을 찾아갔습니다.

"허허, 선생도 알다시피 우리 학교 실험실은 이미 꽉 차서 빈 곳이 없지 않소? 무슨 좋은 방법이 없을까?"

피에르 부부의 일이라면 언제나 발벗고 나선 교장 선생님이었지만, 어쩔 수가 없었습니다. 한참을 생각하던 교장 선생님은 피에르에게 말했습니다.

"실험실 뒤쪽의 창고는 어떻겠어요? 거기라면 다른 실험에도 지장이 없으니까 빌려 줄 수가 있는데."

"예, 좋습니다. 거기라도 빌려 주십시오."

피에르는 그 곳이 형편 없는 창고라는 것을

알고 있었지만, 넓은 장소라는 것이 마음에 들어 몹시 기뻤습니다.

창고는 전에는 기계실로 사용했지만, 지금은

 100   이. 그램의 기적을 만들어낸 퀴리 부인

못 쓰는 물건들을 잔뜩 쌓아 놓아 엉망이었습니다. 유리로 된 지붕은 여기저기 깨어져서 구멍이 나 있어 여름에는 햇볕이 들어 무덥고, 겨울에는 찬바람이 들이쳐 몹시 추웠습니다.

실험실은 해결되었으니 실험 재료인 피치블렌드를 구하는 일이 남았습니다. 피치블렌드가 묻혀 있는 *광산을 산다는 것은 가난뱅이 퀴리 부부로서는 꿈도 못 꿀 일이었습니다.

광산 : 광석을 캐내는 곳.

피에르는 용기를 내어 예전부터 알고 지내던 광산 주인을 찾아갔습니다.

"우라늄을 빼내고 남은 피치블렌드를 저에게 파실 수 없을까요?"

"피치블렌드요? 당신이 실어 간다면 그냥 드리지요."

피에르는 피치블렌드를 거저 준다는 말이 믿어지지 않았습니다.

"돈을 안 받으시겠다고요?"

"하하하, 우라늄을 빼낸 것이라 우리에겐 골치 아픈 쓰레기지 않소. 당신이 치워 준다면 고마운 일이지요."

피에르는 속으로 만세를 불렀습니다. 며칠 뒤 화물차로 운반해 오기로 하고 돌아왔습니다.

며칠이 지난 어느 날이었습니다.

"짐이 도착했습니다!"

밖에서 외치는 소리에 마리는 실험용 겉옷을 입은 채 뛰어나왔습니다. 문 앞에서는 짐꾼이 무거워 보이는 *포대를 화물차에서 내리고 있었습니다.

포대 : 무명이나 삼베 따위로 만든 자루.

"아, 피치블렌드다!"

마리는 얼른 포대 하나를 풀어 보았습니다.

나뭇잎이 섞인 흙과 비슷한 덩어리였지만, 마리에게는 보물과 다름없었습니다.

'신기한 빛을 내는 것이 여기에 들어 있어. 얼마나 들어 있을까? 서둘러 연구를 시작해야 해.'

마리는 다음 날부터 아침 식사를 마치면 갓 태어난 이렌을 시아버지에게 맡기고 창고 실험실로 달려갔습니다.

"여보, 미안하오. 학교 강의가 꽉 차서 시간이 나지 않소."

피에르는 마리와 함께 연구해 보고 싶었지만 학교 일이 너무 바빴습니다.

"나 혼자 하겠어요. 자신 있으니까 걱정 말아요."

마리는 포대의 흙을 꺼내어 덩어리를 부순 다음, 큰 솥 안에 넣었습니다. 약품을 섞은 다음, 물을 붓고는 끓입니다. 솥 안의 것이 부글부글 끓어오르면 기다란 쇠막대기로 휘저어 가며 *졸입니다. 졸인 액은 항아리에 담아 둡니다.

졸입니다 : 물기 따위의 분량이나 부피가 적어지게 합니다.

마리는 날마다 연기와 먼지를 뒤집어쓰며 아침부터 저녁까지 이런 일을 되풀이하였습니다.
"여보 너무 고생하는구려. 좀 쉬었다 해요."
틈을 내어 실험실에 들른 피에르는 무겁고 긴 쇠막대기를 휘젓고 있는 아내의 모습을 보고 몹시 안타까웠습니다.
피에르는 집에 돌아와서도 아내의 모습이 떠올라 가슴이 아팠습니다.
'아내의 예상은 틀림없어. 무언가 새로운 것

을 찾아낼 수 있을 거야. 하지만 날마다 저렇게 힘든 일을 계속하다가는 건강을 해치고 말 거야. 내가 도와 줘야 해.'

피에르는 이렇게 생각하고 자기가 *진행하고 있는 실험을 중단하고 아내가 시작한 연구를 함께 하기로 마음먹었습니다.

진행 : 일을 치러 감.

"여보, 우리 힘을 합해 반드시 새 원소를 발견해 내도록 합시다."

남편의 말에 마리는 한층 더 용기가 솟았습니다.

피에르는 물리나 수학을 잘 하므로 실험의 진행 방법을 책에서 조사하기도 하고, 자세한 계산이나 *측량을 맡아 하였습니다. 또 전과 마찬가지로 바깥일도 차질없이 해 나갔습니다.

측량 : 생각하여 헤아림.

마리는 물리도 잘하였지만 화학 실험을 정확히 순서있게 진행하는데 더 뛰어났습니다. 두 사람이 힘을 합쳐 연구하게 되자 진행이 아주 빨라지고 잘 되었습니다.

7월에 접어들자 피치블렌드 속에 새로운 물

창고 속의 실험실

질이 두 개나 있다는 것이 밝혀졌습니다. 그리고 그 중의 한 가지가 차츰차츰 확실하게 드러나기 시작했습니다.

마리는 앞으로 밝혀질 새로운 원소에 멋진 이름을 붙이고 싶었습니다. 마리는 피에르에게 의견을 물었습니다.

"새로운 원소의 이름을 무엇이라고 지으면 좋을까요?"

잠시 생각하던 피에르가 입을 열었습니다.

"당신이 언제나 그리워하는 조국 폴란드의 이름을 따면 어떻겠소?"

"참 좋은 생각이에요. 폴란드, 폴륨, 폴로늄……, *폴로늄이 좋겠어요!"

폴란드라는 나라 이름은 지금 지도에서 사라졌지만, 마리는 자기가 발견하게 될 원소를 통해 세계의 많은 사람들로 하여금 조국의 이름을 부르게 하고 싶었습니다.

1895년 12월 26일, 마리는 연구 내용을 논문으로 작성하여 과학 학사원에 발표하였습니다.

폴로늄 : 방사성 원소의 한 가지. 우라늄 광석에 포함된 회백색의 금속으로, 물리 측정의 재료로 쓰임.

"제가 발견한 새로운 원소인 폴로늄 이외에 또 하나 새로운 새로운 원소가 있다는 것을 확신합니다. 저희는 이 새로운 원소의 이름을 *'라듐'이라고 붙였습니다."

마리는 폴로늄에 이어 또 하나의 새로운 원소인 라듐이 있다는 것을 세상에 알린 것입니다.

마리는 연구에 더욱 열중하였습니다. 하루라도 빨리 폴로늄과 라듐을 뽑아 내어 학자들에게 보여 줘야 했으니까요.

피치블렌드도 더 많이 운반해 와서 전과 똑같은 순서로 처리해 갔습니다. 재미없고 싫증나는 이런 일을 되풀이하다 보니 어느덧 1년이 지나고 2년이 지났습니다.

머릿속의 계산으로는 이제 실험이 완성된 듯싶었으나, 새 원소는 빛을 내어 주지 않고 라듐은 꽁꽁 숨어 있을 뿐이었습니다.

아마 참을성이 없는 사람이라면 벌써 오래 전에 그만두거나 자신감을 잃어버렸을는지도 모릅니다. 하지만 인내심이 강한 마리는 실험을

라듐 : 방사성 원소의 한 가지. 은백색의 금속으로 우라늄과 함께 피치블렌드 속에 존재함. 알파·베타·감마의 세 가지 방사선을 방사하며, 물리·화학 실험과 의료용 및 방사능의 표준으로서 사용됨.

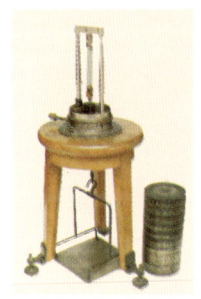

○ 퀴리 부인이 라듐 연구에 사용했던 실험 기구

시작할 때의 그 마음으로 일을 계속했습니다.

경비도 큰 문제였습니다. 실험에는 많은 돈이 들어가고 가족의 생활도 꾸려가야 합니다. 게다가 딸 이렌도 유모에게 맡겨야 합니다.

경비가 바닥이 나자 피에르는 월급을 더 받기 위해 강의를 더 많이 맡아 부지런히 일했습니다. 돈을 더 벌 수 있기는 했지만 연구할 시간이 줄어들고 말았습니다.

어느 날 저녁 집에 들어온 피에르는 마리에게 넌지시 말을 꺼냈습니다.

"저, 스위스에 있는 대학에서 나에게 교수로 와 달라는 연락이 왔어요. 연구실도 새로 만들어 준다고 하는데, 당신 생각은 어때요?"

"대학 교수 자리라면 잘 되었어요. 연구실까지 마련해 준다는데 가야지요."

"그럼, 당신을 도와 주지 못하잖아요?"

"괜찮아요. 스위스에 가서 대학의 연구실과 실험실을 잘 보고 배워 오세요. 언젠가는 제게도 도움이 되지 않겠어요?"

마리는 프랑스에서보다 외국에서 더 인정받는 피에르가 자랑스러웠습니다. 대학에서 강의하는 모습을 보고도 싶었으나 한편으로는 걱정이 되었습니다. 라듐 연구가 완성을 눈앞에 두고 있는 때라, 피에르의 도움이 없으면 곤란했기 때문입니다.

피에르의 생각도 마리와 마찬가지였습니다. 며칠이 지난 뒤 피에르는 마리에게 말했습니다.

"스위스로 가면 대학 교수로서 새로운 일을 할 수 있고, 월급도 더 받게 되니까 좋긴 하겠지요. 하지만 마리 당신 혼자 실험실에 두고 떠날 수가 없어요. 당신이 라듐 연구를 끝낼 수 있도록 도울 작정이오."

마리의 연구를 위해서 피에르는 스위스 대학의 교수 자리를 사양하고 말았습니다.

피에르는 실험에 필요한 돈을 마련하기 위해 학생들의 특별 과외 지도도 하였습니다. 마리도 다시 여자 *사범 학교의 교사로 취직을 하였습니다.

사범 학교 : 지난날, 초등 학교 교사를 양성하던 교육 기관.

창고 속의 실험실

맞벌이를 하다보니 수입이 늘어 생활에는 여유가 생겼지만 몸은 너무나 바빴습니다. 두 사람은 모두 학교의 일을 마치면 곧장 실험실로 달려가 밤늦도록 연구를 했습니다.

시간에 쫓기다 보니 식사다운 식사를 하지 못했습니다. 두 사람의 몸은 점점 여위어 가고 지쳐 갔습니다.

두 사람의 모습을 지켜 보던 어느 의사 친구는 피에르에게 이런 편지를 보냈습니다.

> 피에르, 언젠가 실험실에 들렀더니 자네 부인이 소시지 두 조각을 먹고 차를 한 모금 마시고는 식사를 끝내더군. 아무리 몸이 튼튼한 사람이라도 그렇게 하다가는 쓰러지고 만다네. 제발 식사하는데 시간을 더 쓰도록 신경을 써 주게. 그리고 식사하면서 책을 읽거나 딱딱한 물리학 이야기는 하지 않는게 좋겠네.

그러나 의사의 충고도 소용 없이 두 사람은 연구에만 열중했습니다. 퀴리 부부는 모든 것을 잊고 오로지 라듐의 불빛만을 찾아내기 위해 사는 사람들 같았습니다.

어느 새 3년이란 세월이 흘렀습니다. 창고 안에 비바람이 들이쳐 실험한 것을 못 쓰게 된 적도 한두 번이 아니었습니다. 아내의 창백한 얼굴과 거칠어진 손을 본 피에르는 마음이 아파서 몇 차례 연구를 중단하자고도 했습니다.

"건강을 위해서 좀 쉬는 것이 좋겠어요. 연구는 언제든지 다시 할 수 있지만, 건강을 잃으면 끝이란 말이오."

"절대로 여기서 주저앉을 수 없어요. 반드시 라듐을 발견하고야 말겠어요."

마리의 끈기와 굳은 의지는 남편인 피에르도 꺾을 수가 없었습니다.

신비의 빛, 라듐의 발견

1901년도 저물어 가는 어느 날 저녁이었습니다.

마리는 집에 들어온 지 2시간도 안 되었는데 웬일인지 실험실에 가고 싶어 견딜 수 없었습니다. 무엇인가 좋은 일이 생길 것만 같았습니다.

"피에르, 우리 잠깐 가 봐요."

마리가 가는 곳은 실험실뿐이어서 어디라고 굳이 말하지 않아도 알아들었습니다. 피에르는 이미 짐작하고 있었다는 듯이 외출할 준비를 하고 있었습니다.

"아버님, 이렌이 이제 막 잠이 들었는데 좀 봐 주세요."

"이 늦은 시간에 또 실험실에 가려고?"

"예, 오늘 밤엔 좀 늦을 것 같아요. 다녀오겠

습니다."

 마리는 피에르와 함께 집을 나섰습니다. 금세 실험실 앞에 이르렀습니다.

 피에르가 살며시 문을 열었습니다.

 "불을 켜지 말아요."

 마리는 나지막한 소리로 피에르에게 말하고는 손으로 더듬거리며 책상으로 다가갔습니다. 갑자기 마리의 입에서 *탄성이 터져 나왔습니다.

탄성 : 감탄하는 소리.

"오, 피에르, 여기 봐요! 라듐이 빛을 내고 있어요!"

"성공이오, 성공! 라듐이 틀림없어요!"

실험대 위에 늘어놓은 여러 개의 작은 유리 접시에서 눈부시게 아름다운 파란빛이 반짝이고 있는 것이 아닙니까?

손을 마주잡은 두 사람은 넋을 잃고 그 모습을 바라보고만 있었습니다. 그토록 오랫동안 숨어 있던 라듐이 드디어 신비롭고 아름다운 모습으로 그들 앞에 나타난 것입니다.

1902년 1월.

마리는 새로운 원소가 있다고 세상에 발표한 지 3년 만에야, 순수한 라듐 0.1그램을 뽑아 내어 온 세상에 새로운 원소인 라듐의 정체를 밝힌 것입니다.

"퀴리 부부, 새로운 원소인 라듐 발견!"

이 기사가 신문에 실리자, 퀴리 부부는 갑자기 바빠졌습니다.

라듐이 발견되기까지의 이야기를 취재하려고

여러 신문과 잡지 기자들이 잇달아 퀴리 부부를 찾아와, 집 앞은 시장처럼 북적거렸습니다.

두 사람은 찾아오는 사람들 때문에 연구 시간을 빼앗기게 되자, 기자들의 면회를 거절해 버렸습니다. 그러자 신문과 잡지에는 가정에서 이렌을 돌보는 피에르의 아버지의 모습 등 실험과 관계 없는 기사들이 대신 실리기도 하였습니다.

영국의 *왕립 학회에서 이들 부부에게 데이비상을 수여했습니다. 여러 곳에서 강연을 해 달라는 초청이 들어왔습니다.

퀴리 부부는 발견한 라듐을 직접 가지고 영국의 켈빈 씨를 찾아갔습니다. 켈빈 씨는 3년이 넘는 고생스러운 연구 기간 동안 이들 부부에게 많은 도움과 격려를 해 준 분입니다.

켈빈 씨는 마치 자기가 라듐을 발견한 것처럼 기뻐하며, 함께 자리를 한 학자들에게 자랑하였습니다.

마리의 모교인 소르본 대학에서는 마리에게 박사 학위를 수여하고, 훌륭한 연구 결과를 축

왕립 학회 : 1662년에 설립된 영국의 자연 과학 학회.

하해 주었습니다.

　1903년, 마리와 피에르는 앙리 베크렐과 함께 라듐의 공동 연구자로 노벨 물리학상을 받았습니다.

　12월에 *노벨상 수여식이 있었지만, 오랫동안의 연구로 지친 퀴리 부부는 참석할 수 없었습니다.

　다음 해 마리는 이렌을 데리고 스웨덴으로 강연 여행을 떠났습니다. 노벨상을 받은 사람은 노벨의 모국인 스웨덴에서 연구한 내용을 일반 사람들도 알 수 있도록 강연을 하게 되어 있었습니다.

　"라듐은 인류의 행복을 위한 유익한 원소이지만, 잘못 사용될 경우는 위험하기 짝이 없는 원소입니다. 이것은 노벨이 발명한 *다이너마이트와 같습니다, 다이너마이트는 사람들이 어려운 일을 할 수 있도록 도와 주었지만, 전쟁에서는 많은 사람들을 해치는 끔찍한 무기가 되어 버렸습니다. 새로운 발견과 발명

노벨상 : 1896년, 스웨덴 사람 노벨의 유언에 따라, 인류의 복지에 공헌한 사람에게 수여하도록 제정한 상. 물리학·화학·생리 의학·문학·경제학·평화의 여섯 부문에 걸쳐 수여됨.

다이너마이트 : 니트로글리세린을 주원료로 하는, 길쭉하고 둥근 몸통에 심지가 달린 폭약. 스웨덴의 노벨이 발명함.

은 좋은 일을 위해 사용하려고 이뤄 낸 것입니다. 노벨이 생각했던 것처럼 나도 새로운 발견이 나쁜 일에는 쓰이지 않으리라고 믿습니다."

마리는 연구에 얽힌 이야기를 솔직하고 재미있게 강연하여 사람들에게 감동을 주었습니다.

소르본 대학은 피에르를 대학 교수로, 마리를 피에르의 실험 주임으로 맞아 들였습니다. 두 사람이 한 몸이 되어 연구와 실험을 할 수 있도록 해 준 것입니다. 둘째인 에브가 태어난 것도 이 해 12월이었습니다.

어느 날, 함께 연구를 하던 피에르는 우연히 마리의 손에 눈길이 갔습니다.

"마리, 거칠던 손이 이제야 고와졌군요."

"라듐의 방사능 때문이었어요. 약품에 접촉하지 않아도, 불에 덴 상처처럼 되었지요. 그런데 시간이 지나니까 이렇게 고와지는군요."

"그럼, 라듐이 피부병에 효과가 있는 게 아닐

까요?"

"저도 그렇게 생각해요. 병든 곳을 칼로 잘라 내지 않고 라듐의 방사능으로 화상을 입혀서 없앨 수 있을 것 같아요. 나중에 새로운 피부가 돋아난다면 수술 뒤의 상처가 남지 않아 좋을 거에요."

마리의 말처럼, 라듐은 병의 치료에도 큰 도움이 된다는 것이 입증되었습니다. 이런 사실이 알려지자 미국 등 여러 나라에서도 라듐의 *제조법을 가르쳐 달라는 부탁이 줄을 이었습니다. 어떤 회사에서는 라듐의 제조법을 자기들에게만 알려 준다면, 그 대가로 많은 돈을 주겠다고 제안해 오기도 했습니다.

제조법 : 물품을 만드는 방법.

어느 날 피에르가 마리에게 의견을 물었습니다.

특허 : 어떤 발명품에 대하여 그것을 발명한 사람만이 이용하거나 권리를 가질 수 있도록 법률로써 허락하는 일.

"마리, 친구들이 라듐의 제조법에 대해 *특허를 내라고 하더군요. 또 어느 회사에서는 라듐을 만들게 해 주면 많은 사례금을 준다고 제안해 왔어요. 우리들 실험실도 필요하고 아

이들 장래를 생각하여 특허를 받아 두면 좋겠는데, 당신 생각은 어때요?"

그러자 마리는 머리를 저으며 말했습니다.

"여보, 그건 안 돼요. 과학자의 연구 결과는 논문으로 발표하는 것이 바른 일이에요. 나도 다른 과학자들의 논문에서 많은 도움을 받았어요. 라듐이 병을 고치는 데 쓰인다면 얼마나 좋은 일이에요? 나는 내가 연구해 온 것을 돈과 바꾸기는 싫어요."

"당신 말이 옳아요. 그렇게 합시다."

퀴리 부부는 피치블렌드로부터 라듐을 만들기까지의 과정을 학회에 *공개하였습니다.

"라듐은 여러분 모두의 것입니다."

여러 사람들을 생각하는 밝고 넓은 퀴리 부부의 마음은 세계를 감동시켰습니다.

제조법이 공개됨에 따라 누구나 자유롭게 라듐을 만들 수 있게 된 것입니다. 이리하여 세계 여러 나라에서는 라듐 공업이 *왕성해졌고 많은 환자들을 치료할 수 있게 되었습니다.

공개하였습니다 : 마음대로 보거나 듣거나 할 수 있도록 일반에게 개방하였습니다.

왕성해졌고 : 매우 기운차고 성하여졌고.

신비의 빛, 라듐의 발견 119

피에르의 죽음

1906년 4월, 퀴리 부부는 아이들을 데리고 시골의 자연 속에서 오래간만에 즐거운 휴가를 보냈습니다.

4월 19일, 그들은 파리로 돌아왔습니다. 시골과는 달리 날씨가 잔뜩 흐린 채 비가 오락가락하였습니다. 마리는 휴가 동안 산더미처럼 쌓인 일을 끝내고, 오후에는 볼일을 보기 위해 시내로 외출을 하였습니다.

피에르도 다른 학자들과 약속이 있어 마리와는 연구실에서 만나기로 하고 집을 나갔습니다.

차가운 빗줄기가 땅 위를 적시고 있었습니다. 학자들과 점심을 마친 피에르는 인사를 나누고 헤어졌습니다.

비가 내리는 길거리는 마차와 *전차, 자동차

전차 : 전동기를 장치하고, 궤도나 공중에 놓은 전선으로부터 전력을 공급받아 궤도 위를 달리는 차량.

들로 유난히 붐볐습니다. 피에르가 갈림길을 건널 때였습니다. 갑자기 자동차 뒤에서 두 마리의 말이 끄는 마차가 나타나 피에르 쪽으로 달려왔습니다.

"앗!"

놀란 피에르가 급히 몸을 피하려다가 비에 젖어 미끄러워진 길 위로 넘어지고 말았습니다. 마부가 재빨리 *고삐를 잡았지만, 마차 바퀴가

고삐 : 소의 코뚜레나 말의 재갈에 매어, 몰거나 부릴 때 손에 잡고 끄는 줄.

피에르의 몸을 깔고 넘어간 뒤였습니다. 이리하여 피에르는 숨을 거두고 말았습니다. 그 때 그의 나이는 47세였습니다.

마리는 피에르의 연구실에 들렸다가 이 슬픈 소식을 들었으나, 도무지 믿을 수가 없었습니다.

"피에르가 정말 죽었단 말인가요?"

슬픔에 빠진 마리는 성대한 장례식을 거절하고, 피에르의 고향에 있는 그의 어머니의 묘지 옆에 남편을 묻었습니다.

남편이자 연구와 실험의 동료이기도 한 피에르를 잃은 마리는 아무 일도 할 수 없었습니다. 연구할 의욕도 없었습니다.

여러 대학이나 연구실에서 피에르를 *기리는 모임이 많이 열렸습니다. 참석한 학자들은 한결같이 마리를 걱정하였습니다.

"피에르가 계획한 연구를 마무리지을 수 있는 학자는 오직 마리뿐입니다."

"마리를 위로하고 의욕을 북돋워 주어 연구

기리는 : 잘하는 일과 좋은 점을 추어서 말하는.

를 계속할 수 있도록 해야 합니다. 피에르의 뒤를 잇도록 해 줍시다."

마리를 아끼는 여러 학자들의 의견에 따라 마리가 피에르의 강의를 이어받게 되었습니다. 피에르가 세상을 떠난 지 2주일도 안 된 5월 1일이었습니다.

소르본 대학은 지금까지 여자 교수를 받아들인 적이 한 번도 없었습니다. 마리는 실험 주임일 때와 마찬가지로 오랜 전통을 깬 첫번째 여자 교수가 된 것입니다.

마리는 피에르를 위해서 훌륭한 강의를 하고 싶었습니다.

여름 방학이 되자, 이렌을 아주머니와 함께 바닷가로 보내고 어린 에브는 할아버지에게 맡겼습니다. 마리는 파리에 혼자 남아서 열심히 강의 준비를 했습니다.

두 번째 노벨상

'1906년 11월 5일, 라듐의 발견자 퀴리 부인 소르본 대학에서 첫 강의.'

신문에 실린 이 기사는 파리 사람들의 눈길을 끄는 큰 화젯거리가 되었습니다.

강의가 시작되기 2시간 전부터 이미 강의실은 청중들로 꽉 차 있었습니다. 학생들과 과학자는 물론 정치인과 사업가, 기자 등 여러 사람들이 몰려왔기 때문입니다. 파리의 *사교계를 주름잡는 귀부인들까지 마리의 첫 강의를 듣기 위해 와 있었습니다.

강의실이 터질 듯한 박수를 받으며 단 위에 올라선 퀴리 부인은 아무런 인사말도 없이 곧장 강의로 들어갔습니다.

사교계 : 특히, 상류층 사람들이 교제하는 사회.

"지난 10년 간 물리학의 눈부신 발전으로 물질이나 전기에 대한 우리들의 생각이 놀랄만큼 달라졌습니다."

강의에 귀를 기울이던 학생들이 수근거리기 시작했습니다.

"아니, 저 말은 피에르 교수가 마지막 강의에서 한 말이잖아?"

퀴리 부인은 수 개월 전 피에르가 죽기 전에 마지막으로 한 강의에 잇달아, 자기의 강의를 시작한 것입니다.

남편의 강의 노트를 빈틈없이 조사하여, 그 뒤를 이어 가고자 하는 퀴리 부인의 깊은 마음을 알게 된 사람들은 하나 둘 고개를 숙이기 시작하였습니다.

퀴리 부인은 하루의 대부분을 대학이나 연구실에서 보냈습니다. 두 딸은 아이들의 할아버지가 보살펴 준 덕에 마음놓고 일할 수가 있었습니다. 그런데 그 할아버지가 1910년, 세상을 떠나고 말았습니다.

그리하여 퀴리 부인은 두 아이의 뒷바라지를 하면서 대학에 나가야 했습니다. 몇 사람 몫의 힘겨운 일을 하면서도 그녀는 조금도 연구를 게을리하지 않았습니다.

퀴리 부인은 자신이 다니고 있는 대학에 세계에서 처음으로 방사능에 관한 과목을 만들었습니다. 그러는 한편 피에르의 연구 결과를 책으로 엮어 내기도 하였습니다.

그런 가운데 퀴리 부인은 라듐 금속을 만드는 연구를 시작했습니다. 방사선을 많이 쬐면 위험하다는 것을 알면서도 그녀는 연구를 계속하였고 마침내 라듐을 순수한 금속 형태로 만드는 데 성공했습니다.

이 연구로 다음 해인 1911년 퀴리 부인은 노벨 화학상을 받게 되었습니다. 부인의 나이 44세 때였습니다.

한 사람이 노벨상을 두 번씩이나 탄 것은 퀴리 부인이 처음이었습니다. 그만큼 퀴리 부인의 연구는 값진 것이었습니다.

1913년, 폴란드에서 방사능 연구소를 만들면서, 퀴리 부인에게 소장이 되어 주었으면 좋겠다는 연락이 왔습니다.

　'지금까지 내가 연구를 할 수 있었던 것은 프랑스 덕분이다. 그리고 비록 남편은 죽었지만 나는 프랑스 국적을 가진 프랑스 사람이 아닌가?'

　퀴리 부인은 고국에 가서 일하고 싶었지만 오랜 생각 끝에 정중히 사양하였습니다. 하지만 연구소가 문을 열 때에는 기꺼이 찾아가서 과학에 관한 강의를 하기로 하였습니다.

　폴란드 출신의 노벨상 수상자인 세계적인 과학자를 맞이한 연구소에는, 국내외에서 많은 사람들이 몰려왔습니다.

　퀴리 부인은 폴란드 말로 당당히 강연을 하였습니다. 여학교 시절, 러시아의 지배 속에서 겪은 설움이 *복받쳐 눈물을 흘리기도 했습니다.

　방사능 연구소에서의 강연이 끝나자, 여러 곳에서 환영회가 열려 퀴리 부인은 바쁘고 즐거운

복받쳐 : 어떤 감정이 치밀어.

시간을 보냈습니다. 어느 환영회 자리에서 퀴리 부인은 백발의 한 할머니를 발견하고는 자리에서 일어나 다가갔습니다.

"시코르스카 선생님 안녕하세요? 저 마냐입니다!"

"오, 마냐! 아니 이제는 퀴리 부인이지. 참으로 훌륭한 일을 해냈어. 얼마나 기쁜지 모르겠구나. 너는 우리의 꿈이고 희망이었어! 알고 있었지?"

학교에 다닐 때, 매서운 러시아 장학관의 눈을 피해 가면서 몰래 폴란드 어를 배울 수 있도록 해 준 교장 선생님이었습니다. 퀴리 부인은 선생님의 작은 몸을 다정하게 끌어 안았습니다.

폴란드에 방사능 연구소가 생기자, *파스퇴르 연구소에서도 방사능 연구소를 새로 세우겠다고 나섰습니다. 그러자 소르본 대학은 퀴리 부인을 그 연구소에 빼앗기지 않으려고, 서둘러 파스퇴르 연구소와 공동으로 파리에 방사능 연구소를 세우기로 하였습니다.

파스퇴르 연구소 : 1886년 프랑스의 미생물학자 루이 파스퇴르가 프랑스 정부와 유럽 제국의 지원을 얻어 자신의 이름을 붙여 설립한 생명 공학 연구소.

퀴리 부인은 이제야 남편 피에르의 소원이 이루어지는 것 같아 크게 기뻤습니다. 훌륭한 연구소를 만들기 위하여 열심히 뛰어다녔습니다.

"연구소는 밝고 햇빛이 잘 들어와야 합니다. 그리고 넓은 뜰에다 나무를 많이 심어야 합니다. 방사능은 모르는 사이에 사람의 몸에 엄청난 피해를 주니까요. 연구원의 건강에 특별히 유의해야 합니다."

1914년 7월, 퀴리 부인이 47세 때 파리 방사능 연구소가 완성되었습니다.

'피에르 퀴리'라는 이름이 붙여진 거리의 길가에 세워진 이 연구소의 입구에는 '라듐 연구소 – 퀴리관'이란 *팻말이 붙여졌습니다.

이 연구소가 훗날의 '퀴리 연구소'로, '퀴리 치료법'과 방사능 연구에 큰 역할을 하였으며, 그로 인하여 수많은 환자들이 생명을 건지거나 연장할 수 있게 한 곳입니다.

◐ 라듐 연구소에서 퀴리 부인이 사용하던 실험 기구

팻말 : 패를 붙였거나 그 자체에 글을 써 놓은 나뭇조각, 또는 말뚝. 패목.

전쟁터로 간 노벨상 수상자

브르타뉴 반도 : 프랑스 서쪽 끝, 대서양에 돌출한 반도.

　여름 방학을 맞이한 퀴리 부인은 조용히 휴가를 보내고 싶었습니다. *브르타뉴 반도에 별장을 빌려 이렌과 에브는 심부름하는 여자와 함께 먼저 보냈습니다.

　그런데 뜻하지 않게 제1차 세계 대전이 벌어졌습니다. 독일, 오스트리아 등의 동맹국과 러시아, 프랑스, 영국 등의 연합국 사이에서 시작된 싸움으로 인하여 유럽 전체가 전쟁의 소용돌이에 휘말리게 된 것입니다.

　라듐 연구소의 소장인 퀴리 부인은 귀중한 라듐을 두고 파리를 떠날 수가 없었습니다. 아이들이 걱정이 되었으나 매일같이 편지로만 마음을 달래고 힘을 내라고 일러줄 뿐이었습니다.

　전쟁이 치열해지자 연구소의 직원들도 차례

로 군대에 들어갔습니다. 남아 있는 사람은 심장이 나쁜 기계 담당자와 청소하는 할머니뿐이었습니다.

'프랑스가 전쟁에서 이겨야 돼. 나라가 있어야 연구도 계속할 수 있으니까. 나도 가만히 앉아서 전쟁을 지켜볼 수 만은 없어.'

나라를 위해 할 수 있는 일을 생각하던 퀴리 부인은 전쟁터에서 병원으로 실려 오는 프랑스의 부상병들을 보았습니다.

'상처를 입고 신음하는 젊은이들을 도와 줘야겠어.'

엑스선을 이용하여 부상병을 치료하겠다는 생각이 퀴리 부인의 머리 속에 떠오른 것입니다.

부상병의 치료에는 엑스선 기계가 큰 역할을 합니다. 엑스선으로 몸 속에 들어간 총탄과 파편의 위치나 몸 안의 상태를 자세히 알아 낼 수가 있기 때문입니다.

엑스선은 이미 15년 전에 뢴트겐이 발견하여

사용되었으나 프랑스에는 규모가 큰 병원에만 엑스선 기계가 있을 뿐이었습니다. 그러니 전선에서는 찾아볼 수가 없었습니다.

퀴리 부인은 비록 엑스선 기계를 다루어 보지는 않았지만 연구를 통해 많은 것을 알고 있어 자신이 있었습니다.

먼저 엑스선 기계를 실을 수 있는 구급차를 만들기로 마음먹었습니다. 그래서 부자들을 찾아다니며 설득하여 *기부금과 자동차를 마련했습니다.

실험 기계를 만드는 사람과 대학의 연구소로부터 엑스선 기계와 그 밖에 필요한 물품도 구하였습니다. 그리고 자기와 함께 구급차에서 일할 교수나 과학자, 의사, 기사, 봉사자들을 뽑았습니다.

마침내 1914년 10월, 처음으로 엑스선 기계를 실은 20대의 구급차들이 전쟁터로 향하였습니다.

그 차들 중 한 대에는 운전 기사와 퀴리 부

기부금 : 자선 사업이나 공공 사업을 도울 목적으로 내어 놓는 돈.

인, 의사 한 명과 두 명의 보조원이 타고 있었습니다. 보조원 가운데에는 부인의 맏딸 이렌의 모습도 보였습니다.

퀴리 부인이 첫번째로 만난 부상병은 온몸에 폭탄의 *파편을 맞은 환자였습니다.

파편: 깨어져 부서진 조각.

"어서 엑스선 촬영기 앞으로!"

퀴리 부인의 지시에 따라 모두의 손이 재빨리 움직였습니다. 부상자의 몸에서 파편이 있는 위치를 알아 내었습니다.

전 같으면 의사가 손으로 더듬어 진찰을 하느라 몇 시간이나 걸릴 수술을 겨우 30분 만에 마칠 수 있었습니다. 첫날에만 30명이나 되는 부상병의 치료를 도울 수 있었습니다.

"저 엑스선 기계를 움직이는 여자분은 누구시지요? 간호사인가요?"

부상자를 데리고 온 *위생병이 열심히 일하고 있는 퀴리 부인을 보며 물었습니다.

위생병: 군에서 군인의 위생에 관한 일을 맡아 보는 병사.

"퀴리 부인입니다. 이동 엑스선 치료반의 반장이지요."

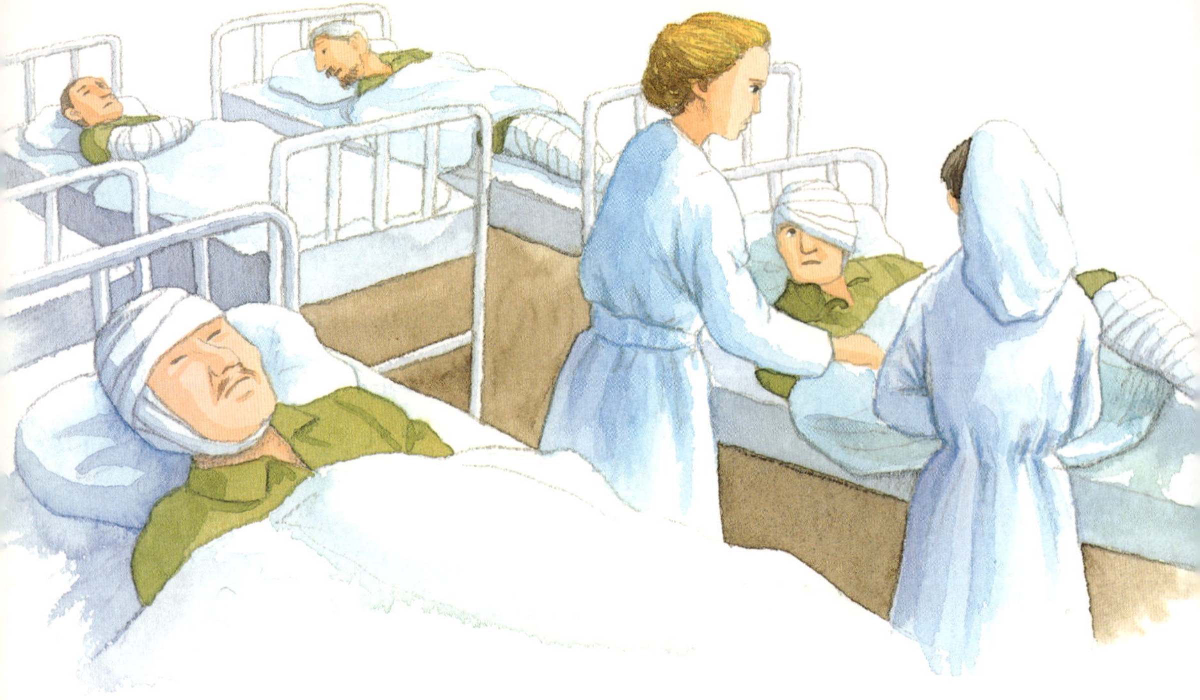

"예, 퀴리 부인이요? 노벨상을 받은 그 유명한 퀴리 부인말입니까?"

"그렇습니다. 병원과 전쟁터를 바쁘게 돌아다니고 계시지요."

위생병이나 부상병들은 허름한 작업복 차림의 여자가 퀴리 부인이라는 것을 아무도 믿으려 하지 않았습니다.

맡은 일에 열성적인 퀴리 부인은 만일의 경우에 대비하여 기계를 다루는 법도 익히고, 운전도 배워 두었습니다. 뿐만 아니라, 자동차의 구조까지도 익혀서 닥치는 대로 무슨 일이든지 척 척 해냈던 것입니다.

1918년, 마침내 5년에 걸친 전쟁이 끝났습니다. 독일이 항복하고 프랑스, 영국 등 연합군이 승리를 거둔 것입니다.

나중에 알려진 일이지만, 전쟁 기간 중 퀴리 부인에 의해 동원된 총 200대의 엑스선 기계의 도움을 받은 부상병은 모두 1백만 명이 넘었다고 합니다.

"연구소의 창문에 국기를 달고 축하합시다!"

퀴리 부인의 라듐 연구소는 다시 활기를 되찾았습니다. 사람들은 거리로 쏟아져 나와 평화를 찾은 기쁨에 들떠 있었습니다.

연합국의 승리는 퀴리 부인에게 또 하나의 큰 기쁨을 가져다 주었습니다. 고국 폴란드가 독립을 한 것입니다. 퀴리 부인은 너무도 감격스러워 두 딸을 껴안고 기쁨의 눈물을 흘렸습니다.

라듐 연구에 바친 삶

전쟁이 끝나 라듐 연구소장으로 되돌아온 퀴리 부인은 다시 바쁜 나날을 보냈습니다. 병의 치료에 라듐을 이용하기 위한 연구에 정신을 쏟기 시작하였습니다.

연구를 위해서는 여러 가지 장비와 많은 라듐이 필요했습니다. 1920년에 연구소를 후원하는 '퀴리 재단'이 설립되었지만, 큰 전쟁을 치른 뒤라 모든 것이 부족했습니다.

그러던 어느 날, 미국에서 멜로니라는 부인이 라듐 연구소로 퀴리 부인을 찾아왔습니다. 멜로니 부인은 뉴욕에서 잡지를 펴내고 있는데, 기자로서도 유명한 분이었습니다.

"미국의 여성들은 퀴리 부인의 업적에 깊은 관심을 가지고 있습니다."

멜로니 부인이 조심스럽게 말을 꺼냈습니다.
"고맙군요. 그런데 미국에는 라듐이 50그램이나 있다지요? 얼마나 좋겠어요?"
"글쎄요. 이 연구소에는 라듐이 얼마나 있나요?"
"1그램 있지요."
"아니, 1그램이라니오? 라듐을 발견하신 분인데 어떻게 그것밖에……."
"호호호, 내 것이라니요? 우리 연구소의 것이지요."
멜로니 부인은 잠시 생각하다가 다시 물었습니다.
"부인께서 지금 가장 원하는 것이 있다면 무엇인가요?"
"그야, 라듐이죠. 1그램만 더 있으면 연구에 큰 도움이 될 텐데. 너무 값이 비싸서요."
퀴리 부인은 연구하려고 하는 과학자들에게 자기의 라듐을 나눠 주었습니다. 그러나 라듐이 여러 가지 병의 치료에 널리 쓰임에 따라 *수요

수요 : 남에게 어떤 상품이나 서비스 등을 일정한 가격으로 사려는 욕구.

가 늘어나자 값이 엄청나게 올랐습니다.

멜로니 부인은 미국으로 돌아가자마자, 퀴리 부인과 나눈 이야기를 잡지에 발표하였습니다. 그리고 퀴리 부인에게 라듐 1그램 보내기 운동을 펼쳤습니다.

"라듐을 발견한 퀴리 부인은 누구나 라듐을 연구하고 질병의 치료에 활용하도록 하기 위해 특허를 거절했습니다. 지금 퀴리 부인은 라듐이 없어 연구에 많은 어려움을 겪고 있는데, 라듐 제조 회사만 이득을 얻어서야 되겠습니까? 퀴리 부인에게 라듐을 보내 줍시다."

멜로니 부인의 모금 운동은 뉴욕에서 시작되어 미국의 각 도시로 널리 번져 갔습니다. 1년 동안 많은 돈이 모였습니다.

어느 날 퀴리 부인에게 미국의 대통령으로부터 초청장이 날아왔습니다.

"미국 국민을 대표해서 부인께 라듐을 직접 전달해 드리고자 합니다. 부디 미국으로 와 주십시오. 따님들도 함께 와서 미국 각지를

여행하고 가시면 좋겠습니다."

퀴리 부인은 다른 나라의 도움을 받고 싶지는 않았지만, 연구에 꼭 필요한데다가 파리에서는 라듐을 구하기가 매우 어려웠으므로 미국의 도움을 받기로 하였습니다.

1921년 5월, 퀴리 부인은 딸들과 함께 미국으로 가는 올림픽 호에 올랐습니다. 그녀의 나이 54세 때였습니다.

미국 사람들은 퀴리 부인을 따뜻하게 맞아 주었습니다. 곳곳에서 열린 환영회에는 세상을 놀라게 한 위대한 과학자를 보기 위해 많은 사람들이 몰려왔습니다.

라듐 *증정식은 백악관에서 거행되었습니다. 하딩 대통령이 퀴리 부인에게 라듐을 전달했습니다.

라듐이 든 상자를 받아든 퀴리 부인은 멜로니 부인을 불러 부탁했습니다.

"죄송합니다만, 이 상자에 쓰인 '퀴리 부인에게 드림'을 '퀴리 연구소에 드림'으로 고쳐

증정식 : 남에게 선물이나 기념품 따위를 드리는 행사.

○ 1921년, 미국 방문 때 하딩 대통령과 찍은 사진

주십시오."

퀴리 부인은 자기 개인에 대한 욕심이 조금도 없었던 것입니다.

미국 여행은 퀴리 부인의 마음과 태도를 바꿔 놓았습니다. 연구만이 오직 사는 보람이라고 생각하고 남이나 세상일에는 별로 관심이 없었던 부인의 생각이 달라진 것입니다.

여러 사람들과 만나 서로 이야기하는 사이에 자신이 매우 소중한 사람들 가운데 하나라는 것을 알게 된 것입니다.

퀴리 부인은 전처럼 부탁받은 강연이나 초대 모임을 거절하지 않았습니다. 멀리 여행을 떠나서까지 그 동안 연구한 내용을 일반 사람들에게 알리는 데 힘쓰게 되었습니다.

1923년에는 라듐 발견 25년째를 맞이한 기념 행사가 파리에서 있었습니다.

어머니의 뒤를 이어 과학의 길을 걸어온 맏딸 이렌은 퀴리 연구소의 연구원인 프레데릭 졸리오와 결혼했습니다. 이렌 부부는 어머니보다 한

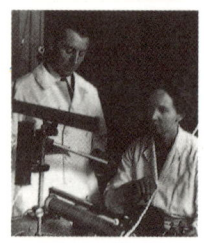
○ 퀴리 부인의 맏딸 이렌과 그의 남편 졸리오.

걸음 더 나아가 라듐을 인공으로 만들기 위한 연구를 꾸준히 했습니다.

그즈음 퀴리 부인은 눈이 아주 나빠져 몇 번의 수술을 받았습니다. 하지만 그런 가운데에서도 그녀는 연구에서 손을 놓지 않았습니다.

"어머니, 얼굴빛이 좋지 않아요. 이제 그만 집에서 쉬도록 하세요."

딸들이 아무리 말해도 퀴리 부인은 듣지 않았습니다.

1933년 12월, 병으로 고통이 심해진 퀴리 부인은 의사의 충고를 받아들여 바닷가로 가서 휴양을 하였습니다. 그러나 몸이 좀 좋아져 기운을 되찾게 되자, 다시 연구를 계속하기 위해 파리로 돌아왔습니다.

이듬해 5월의 어느 날이었습니다.

"몸에 열이 좀 나서 먼저 나갈 테니 잘 부탁해요."

어지러워 견딜 수가 없었던 퀴리 부인은 연구소를 나와 집으로 돌아왔습니다. 높은 열을 이

기지 못해 에브의 부축을 받아 병원으로 갔습니다. 세밀하게 진단을 한 의사는 고개를 갸우뚱하였습니다.

"악성 *빈혈인데 원인을 알 수가 없습니다. *적혈구와 *백혈구 모두가 부족합니다."

"어떤 치료를 해야 되지요?"

"글쎄요. 부인께서 연구하시는 방사능 때문에 생긴 병이 아닐까요? 피는 물론이고, *골수까지도 파괴되어 버린 것 같습니다."

아주 위급한 병이라는 것을 알면서도 퀴리 부인은 완성을 눈앞에 둔 '방사능'이란 책에만 정신을 쏟았습니다.

40도의 높은 열을 견뎌 내며 책의 머리말을 몇 번이나 고쳐 쓰고, 차례까지도 빈틈없이 살펴보았습니다.

1934년 7월 4일 아침이었습니다.

퀴리 부인은 그 책이 세상에 나오기 전, 그리고 다음 해 맏딸 이렌 부부가 노벨 화학상을 받는 것도 보지 못한 채 숨을 거두었습니다. 퀴리

빈혈: 사람의 피 속에 적혈구와 헤모글로빈이 지나치게 줄어들어 안색이 나빠지고 어지럼을 느끼게 되는 증세.

적혈구: 혈액 속에 들어 있는 원반 모양의 세포. 헤모글로빈이라는 색소가 들어 있어 붉게 보이며, 몸의 각 부분에 산소를 운반하는 역할을 함.

백혈구: 혈액 속에 들어 있는 세포의 한 가지. 수시로 모양이 변하며, 몸 속으로 침입하는 세균을 잡아먹음.

골수: 뼈의 안쪽에 차 있는 누른빛 또는 붉은빛의 연한 조직.

부인의 나이 67세였습니다.

　장례식은 퀴리 부부가 결혼식을 올렸던 마을에서 치뤄졌습니다. 폴란드에서 달려온 브로냐와 조조는 퀴리 부인의 관 위에 한 줌의 흙을 뿌렸습니다. 퀴리 부인이 그토록 사랑했던 조국 폴란드에서 가져온 흙이었습니다.

　퀴리 부인은 28년 전에 죽은 남편 피에르 퀴리의 곁에 나란히 묻혔습니다.

퀴리 부인의 위대함

- 라듐의 발견과 방사능의 연구
- 끊임없는 탐구와 연구
- 나라를 사랑하는 마음
- 따뜻하고 깊은 마음
- 퀴리 부인의 연대표

퀴리 부인의 위대함

퀴리 부인의 위대함

그녀의 정신력, 그녀의 순수한 의도, 자신에 대한 엄격함, 객관성, 공정한 판단력 이것은 모두 비슷한 성질의 것으로, 한 사람에게 이 모든 것이 구비되어 있는 경우는 거의 없습니다. - 퀴리 부인은 일단 어떤 방법이 올바르다고 생각하면 절대로 타협하지 않고 끝까지 그것을 밀고 나갑니다.

- 1935년 11월 23일 뉴욕의 로리치 박물관에서 거행한 퀴리 부인의 추도식 중 아인슈타인의 추도사에서

퀴리 부인이 우리에게 남긴 것은 무엇일까요?

퀴리 부인이 위대하다고 하는 것은 라듐이라는 새로운 원소를 발견하고 노벨상을 두 번이나 탄 여성이기 때문만이 아닙니다. 새로운 연구를 위해 평생을 바친 과학자요, 나라와 가족을 사랑한 따뜻한 마음을 지닌 사람이었기 때문입니다.

이런 퀴리 부인이 어떠한 삶을 살았으며 어떤 일을 했는지 살펴봅시다.

퀴리 부인의 위대함

라듐의 발견과 방사능의 연구

퀴리 부인의 가장 큰 업적은 새로운 원소인 라듐을 발견한 일입니다. 그리고 라듐에서 나는 신비의 빛을 연구하여 방사능의 기초를 닦았습니다.

방사능은 각종 기구의 소독이나 수술, 질병 치료에 쓰입니다. 특히 병을 치료하는 데 놀라운 효과를 보이고 있습니다.

🔴 1904년, 라듐의 발견을 소개한 잡지

그뿐만 아니라, 방사능은 제지 공장이나 철강 공장에서 제품의 질을 높이는 데 이용되고, 바다 밑의 콘크리트가 안전한가를 알아보는 데도 이용되는 등 과학뿐만 아니라, 산업 전반에 걸쳐 사용되고 있습니다.

🔴 실험실에서 연구하고 있는 퀴리 부인

끊임없는 탐구와 연구

'무슨 물질이 이렇게 이상한 빛을 내는 것일까?'

퀴리 부인은 우리 눈에 보이지 않는 신비한 빛이 있다는 다른 학자의 연구 발표를 보고 마음이 끌려 연구를 하기 시작하였습니다.

퀴리 부인은 학교의 허름한 창고 구석에서 추위에 떨면서 실험을 계속하였습니다. 일 아침부터 저녁까지 먼지투성이가 되어 고생하는 아내를 본 남편 피에르는 자기가 하고 있던 연구를 그만두고 함께 연구를 합니다.

퀴리 부부가 연구하던 실험실

○ 1898년 퀴리 부부가 실험실에서 함께 연구하는 모습

드디어 새로운 원소가 있다는 것이 확실해지자 라듐이라 이름짓고 발표합니다. 라듐이라는 새로운 원소가 있을 것이라는 예고를 한 것입니다.

퀴리 부인의 위대함

퀴리 부부는 라듐을 실제로 보여 주기 위해 3년이라는 긴 시간의 노력 끝에 0.1그램의 라듐을 얻게 됩니다. 이 라듐의 발견으로 부부가 공동으로 노벨상을 받습니다. 그 뒤, 마차 사고로 남편을 잃었지만 퀴리 부인은 연구를 계속하여 두 번째 노벨상을 받게 됩니다.

혼자 남은 퀴리 부인은 눈이 나빠지고 빈혈증이 생겨 몸이 쇠약해졌는데도 라듐 연구를 계속하다가 끝내 숨을 거둡니다.

◐ 자전거를 타고 산책 나가는 퀴리 부부

나라를 사랑하는 마음

퀴리 부인의 어린 시절에는 폴란드가 러시아의 지배를 받아 자기 나라 말을 쓸 수 없고 폴란드의 역사를 공부할 수도 없던 시기였습니다.

이런 어려움을 겪으면서 퀴리 부인은 조국 폴란드를 사랑하는 마음이 더욱 강해졌습니다.

언니 브로냐의 학비를 벌기 위하여 가정 교사로 일할 때에는 비밀 공부방을 차려 마을 아이들에게 몰래 폴란드 말을 가르쳤습니다. 러시아 경찰에게 들키면 시베리아로 쫓겨가게 되는 위험을 무릅쓰고 말입니다.

○ 1855년에 찍은 가족 사진 왼쪽부터 마냐, 아버지, 브로냐, 헬라

퀴리 부인은 파리의 소르본 대학에 들어가서도 폴란드를 위해 이바지하겠다는 굳은 각오로 공부합니다.

제1차 세계 대전이 벌어지자 퀴리 부인은 자신이 연구를 계속할 수 있도록 도움을 준 프랑스를 위해 전쟁터에 나가서 부상병 치료를 도왔습니다.

노벨상을 두 번이나 탄 유명한 과학자이자, 연구소 소장인 중년의 여성이 죽음을 무릅쓰고 위험한 전쟁터에 나간 것입니다.

○ 제1차 세계 대전 중 엑스선 기계로 부상병의 치료를 돕던 퀴리 부인과 맏딸 이렌

퀴리 부인의 위대함

따뜻하고 깊은 마음

퀴리 부인은 6년 간이나 가정 교사 생활을 하며 아버지를 돕고 유학간 언니의 뒷바라지를 할 만큼 우애가 깊고 아버지를 위하는 효성이 지극했습니다.

◐ 퀴리 부인에 태어난 집

결혼한 뒤에는 남편과 한 몸이 되어 연구와 실험에 열중하여 부부가 공동으로 노벨상을 받았습니다. 연구소 소장이라는 바쁜 생활에서도 아이들 교육에 힘써 훌륭한 인물로 키웠습니다.

◐ 퀴리 부인과 두 딸

맏딸 이렌은 어머니의 뒤를 이어 라듐에 관한 연구를 하여 노벨 화학상을 받았으며, 둘째 딸 에브는 작가가 되어 위대한 어머니의 전기를 쓰기도 했습니다.

퀴리 부인은 형제 간의 우애와 부부 사이의 사랑이 깊은 위대한 과학자이며 훌륭한 어머니였습니다.

퀴리 부인의 연대표

연대	나이	퀴리 부인의 생애
1867		11월 7일, 폴란드의 바르샤바에서 태어남. 원래 이름은 마리아 스클로도프스카였음.
1878	11	어머니가 폐결핵으로 세상을 떠남.
1883	16	바르샤바의 크라코프 학교를 1등으로 졸업함.
1884	17	언니 브로냐의 학비를 대기 위해 가정 교사가 됨.
1891	24	11월, 파리 소르본 대학에 입학함.
1893	26	7월, 물리학 학사 시험에 1등으로 합격함.
1894	27	수학 학사 시험에 2등으로 합격함.
1895	28	7월 26일, 프랑스의 물리학자 피에르 퀴리와 결혼함.
1897	30	9월 12일, 맏딸 이렌이 태어남.
1898	31	7월, 새 원소를 발견하고 조국 폴란드의 이름을 따서 '폴로늄'이라고 함. 12월 '라듐'을 발견함.
1902	35	라듐을 얻는 데 성공함.
1903	36	6월 25일, 파리 대학에서 학사 학위를 받음. 12월, 부부가 함께 앙리 베크렐과 공동으로 노벨 물리학상을 받음.

퀴리 부인의 연대표

연대	나이	퀴리 부인의 생애
1904	37	둘째 딸 에브가 태어남.
1906	39	4월 19일, 남편 피에르 퀴리가 세상을 떠남. 11월, 파리 대학에서 남편의 후임으로 물리학을 가르침.
1911	44	노벨 화학상을 받음.
1914	47	파리의 라듐 연구소 퀴리관의 책임자가 됨. 제1차 세계 대전이 일어나자 엑스선 진료반을 만들어 활동함.
1921	54	미국을 방문해 하딩 대통령으로부터 라듐 1그램을 받음.
1923	56	프랑스 정부에서 '라듐 발견 25주년' 기념식을 개최함.
1932	65	폴란드에 라듐 연구소가 세워지자 고국을 방문하여 강연을 함.
1934	67	7월 4일, 오랫동안 쐬어온 방사능으로 인해 백혈병으로 세상을 떠남.

0.1 그램의 기적을 만든 퀴리 부인

2003년 4월 5일 1쇄 발행
2008년 7월 5일 3쇄 발행

엮은이   지 영
그린이   김기택

펴낸이   김경희
편집 책임 박미숙
편집 진행 아이사랑

펴낸곳   (주)도서출판 아테나
주 소   서울특별시 마포구 서교동 395-166 서교빌딩 601호
편 집   (02)2268-6042 | Fax (02)2268-9422
홈 페이지 http://www.athenapub.co.kr
E-mail   bookjjang@hanmail.net
등 록   1991년 2월 22일 제 2-1134호

ⓒ 2003 아테나
ISBN 978-89-89886-71-6 74990
     978-89-89886-07-5 74990(세트)

* 이 책의 저작권은 (주)도서출판 아테나에 있습니다.
* 이 책 내용의 일부 또는 전부를 사용하려면 반드시 저작권자와 서면을 통한 동의를 얻어야 합니다.
* 책값은 뒤표지에 있습니다. 잘못된 책은 바꾸어 드립니다.